Thomas Meyer

ICHKRAFT UND HELLSICHTIGKEIT

Thomas Meyer

ICHKRAFT
UND HELLSICHTIGKEIT

Der Tao-Impuls
in
Vergangenheit und Zukunft

Pegasus
Verlagsbuchhandlung Basel

Das Titelbild wurde freundlicherweise
von Frau Erica Muller, Arlesheim,
zur Verfügung gestellt.

Alle noch bestehenden Autorenrechte
Rudolf Steiners liegen bei der
Rudolf Steiner-Nachlaßverwaltung, Dornach.

Gesamtherstellung: Druckerei Cratander AG, Basel

ISBN 3-907527-00-3

In memoriam D. N. Dunlop

INHALT

9

Nach dem Tode von D. N. Dunlop im Mai 1935
hielt Ita Wegman mit folgenden Worten den Eindruck fest, den das Antlitz des Verstorbenen auf sie
machte. «Dies Antlitz war wie eine Offenbarung. Es
war, als ertönte von seinem Haupte her das Wort
TAO, und ein Bild erschien, als gehöre dies Antlitz
zu einem Menschen, der den Offenbarungen des
Großen Geistes lauschte, der eins zu sein schien mit
allem, was sich hinter der Natur verbirgt.» Diese
Worte erwiesen sich in zunehmendem Maße als
wichtiger Schlüssel zum Verständnis von Dunlops
ganzem Wesen und Streben. Sie bildeten zugleich
den Ausgangspunkt für das Entstehen der vorlie-
genden Schrift.

Der Verfasser versuchte das Tao-Motiv, das sich
nach der Arbeit am Lebensbild von D. N. Dunlop
gewissermaßen zu verselbständigen und auszuwei-
ten begann, im Hinblick auf eine Vortragsreihe im
Rahmen der Buchhandlung Pegasus weiter zu vertiefen und sah sich veranlaßt, dabei die große, aber
auch innerhalb der anthroposophischen Bewegung
wenig bekannte Eingeweihtenindividualität des
Skythianos mehr und mehr zu berücksichtigen. Rudolf Steiner hat über diesen Menschheitsführer nur

spärliche, aber gewichtige Äußerungen gemacht, die zunächst allerdings mehr zu verbergen als zu offenbaren scheinen.

Nicht nur Rudolf Steiners Hinweise zum Tao, auch zentrale Ergebnisse seiner spirituellen Geschichtsforschung bildeten neben seiner *Philosophie der Freiheit* die unabdingbaren Grundlagen zur Ausarbeitung dieser Schrift. Da sie ein Thema behandelt, das in anthroposophischen Kreisen, wie es scheint, bisher nur wenig berührt worden ist, obwohl heute in zunehmendem Maße verschiedenartigste Tao-Publikationen an die Öffentlichkeit treten, wurde Rudolf Steiner mit voller Absicht des öfteren im Wortlaut angeführt. Dies mag nicht nur den mit Rudolf Steiners Werk weniger vertrauten Leser leichter «in medias res» führen; es sollte durch dieses Verfahren auch deutlich gemacht werden, daß Steiners Ausführungen zum Tao – wie im übrigen auch zu vielen anderen scheinbar peripheren Fragekreisen – durchaus kein systematisch geschlossenes Ganzes bilden. Darin drückt sich wohl nicht nur der Zeitmangel des Geistesforschers zu allseitiger Ausarbeitung der von ihm behandelten Themen aus, sondern auch ein gut Teil pädagogischer Absicht: kann sich doch der Leser gerade durch das Fragmentarische und sich scheinbar Widersprechende mancher Einzeläußerungen Rudolf Steiners dazu angeregt fühlen, solche Äußerungen in selbsttätiger Weise durch den resoluten Gebrauch seines gesunden Menschenverstandes in einen Gesamtzusammenhang zu bringen, der ihnen zunächst scheinbar fehlt und dessen Fehlen manches einzelne als schwer oder gar unverständlich erscheinen lassen kann.

So möchte die vorliegende Schrift Rudolf Steiners Tao-Äußerungen in ein umfassendes Licht stellen, das ihren inneren Zusammenhang zur Erscheinung bringen kann. Ein solches Licht kann aus der anthroposophisch orientierten Betrachtung der menschlichen Bewußtseinsentwicklung gewonnen werden, welche sich, in großen Zügen betrachtet, in drei Phasen gliedern läßt. Auf die Phase des alten dämmerhaften Hellsehens, wie es noch dem atlantischen Menschen eigen war, folgt die Zeit der vollbewußten *Gedanken*bildung, während wir heute bereits in der Morgenröte einer neuen Hellsichtigkeit stehen, die jedoch, wenn sie wirklich neu sein will, voll und ganz auf den Erreichnissen der zweiten Phase der Bewußtseinsentwicklung beruhen muß. Unsere Darstellung möchte erweisen, wie im «Tao» ein alle drei Phasen umgreifendes und in ihrem gegenseitigen Verhältnis regulierendes Prinzip entdeckt werden kann.

Zu diesem Ziele mußte sich der Verfasser erlauben, aus manchen kurzen Angaben Rudolf Steiners bestimmte weiterreichende Konsequenzen zu ziehen, so etwa in bezug auf den von Steiner gekennzeichneten «Taoismus» bei Goethe und dessen zeitgemäße Ausgestaltung in der *Philosophie der Freiheit*.

Und schließlich wurde versucht, das geistig-reale

Kampffeld aufzuzeigen, auf welchem sich die heutige Auseinandersetzung um das Tao bewegt. Es handelt sich bei dieser Auseinandersetzung nicht um eine periphere Weltanschauungsangelegenheit für literarische oder kulturgeschichtliche Spaziergänger, sondern letztlich um eine zentrale und deshalb auch im höchsten Maße perversionsbedrohte Menschheitssache. Denn in intimster Weise ist das Tao mit dem Ursprung, dem Sinn und dem Ziel der menschlichen *Ich-Werdung* verknüpft.

Basel, 4. März 1988

1. EINFÜHRUNG

Ein tiefer, verborgener
Seelengrund und eine erhabene
Zukunft zugleich bedeutet TAO.

Rudolf Steiner

«Alles Seiende ist, war oder wird *Mensch.*»[1] Dieser Kernsatz des Okkultismus kann uns in provisorischer Weise die Tragweite erahnen lassen, die mit dem Tao-Impuls verbunden ist, denn er ist ein Entwicklungsimpuls umfassendster Art. Einst tönte dem Menschen der alten Atlantis aus allem das Tao entgegen; dann schien es in der nachatlantischen Zeit bis zur Unhörbarkeit zu verklingen; doch künftig wird es wieder zu vernehmen sein, in neuer Art: durch den Menschen selbst ertönend.

Was haben wir bei dem rätselhaften Tao-Laut zu denken, zu empfinden, ja vielleicht auch zu wollen? Begnügen wir uns zunächst mit der Feststellung, daß er in unserem deutschen Wort «Tau» nachklingt. Das ist nicht nur eine zufällige Lautübereinstimmung; wir haben es mit einem tiefen Sinnzusammenhang zu tun, der später zu erörtern sein wird.

Tao wurde ursprünglich von Menschen erlebt, deren Umgebung, deren Bewußtseinsverfassung und deren Seelenerlebnisse mit den entsprechenden heutigen Verhältnissen nur schwer vergleichbar scheinen. Dennoch läßt sich zwischen dem einstigen Tao-Erleben und der Erlebnisart des modernen Menschen eine gemeinsame Ebene finden. Fassen wir zunächst einmal die hauptsächlichen Merkmale dieser heutigen Erlebnisart und Bewußtseinsverfassung näher ins Auge.

Wie erleben wir im heutigen Tagesbewußtsein die Welt? «Wir stellen uns als ein selbständiges Wesen der Welt gegenüber. Das Universum erscheint uns in den zwei Gegensätzen: *Ich* und *Welt*.» Mit diesen Sätzen charakterisiert Rudolf Steiner im zweiten Kapitel seiner *Philosophie der Freiheit*[2] den Grundzug der modernen Bewußtseinsverfassung. Er nennt sie auch «Gegenstandsbewußtsein». Das bewußte Ich sieht sich der Welt der Gegenstände (und zwar nicht etwa nur solchen rein materieller, äußerer Art) gegenübergestellt; es hat einerseits ein Objekts- oder eben Gegenstandsbewußtsein, andererseits ein Subjekts- oder Selbstbewußtsein.

Dies ist der Grundgegensatz innerhalb der modernen Bewußtseinsverfassung. Doch er ist kein absoluter, das heißt das *ganze* menschliche Wesen bestimmender. Denn das tieferliegende *Gefühl*, das allerdings um einen Grad dumpfer ist als das normale Tagesbewußtsein, «weiß» es noch anders, und auf diesen Gefühlstatbestand wird im selben Kapitel der *Philosophie der Freiheit* ebenfalls hingewiesen: «Niemals verlieren wir das Gefühl, daß

16

wir doch zur Welt gehören, daß ein Band besteht, das uns mit ihr verbindet, daß wir nicht ein Wesen *außerhalb,* sondern innerhalb des Universums sind.»

Das hiermit gekennzeichnete Einheitsgefühl «erzeugt das Streben, den Gegensatz zu überbrücken». Auf drei Gebieten äußert sich dieses Streben: in der Religion, in der Kunst und in der Wissenschaft. Die *wissenschaftliche* Befriedigung dieses Einheitsstrebens ist vor allem an die Betätigung des Erkenntnistriebes gebunden. Durch diesen Trieb wird das moderne Bewußtsein ein *denkendes* Bewußtsein, und werden die durch das Denken gebildeten Ideen und Begriffe auf die Gegenstände der Welt bezogen, so heißt das nichts anderes, als daß wir den jeweiligen «Weltinhalt» zu unserem «Gedankeninhalt» machen. Inwiefern das moderne denkende und erkennende Bewußtsein dadurch den Zusammenhang zwischen Ich und Welt, aus dem es sich selbst gelöst hat, tatsächlich wieder herstellen kann, soll im 13. Kapitel näher gezeigt werden.

Ist der Bewußtseinsdualismus Ich/Welt für uns Moderne die Haupttriebfeder aller unserer religiösen, künstlerischen und wissenschaftlichen Betätigungen, so haben wir in dem zunächst weniger bewußten Einheits*gefühl* den Grundzug eines atlantischen Seelenerlebens zu suchen. Ich und Welt bildeten noch nicht den scharfen Gegensatz, wie er uns heute auf der Ebene unseres Wachbewußtseins erscheint.

2. ATLANTISCHES TAO-ERLEBEN

*«Wenn der Atlantier von seinem
Grossen Geiste sprach, so drückte er
das aus ... in dem Worte ... Tao.»*[23]

Wie sah es in der Welt der alten Atlantis aus, und
wie war das Seelenleben eines Menschen beschaffen, der sich auf dem vor rund zwölftausend Jahren
versunkenen Kontinent entwickelte?[3]

Das einstige Atlantis befand sich zwischen Afrika
und Westeuropa und wird heute von den Fluten
des Atlantischen Ozeans zugedeckt. Die atlantische
Lufthülle war viel dichter als die heutige Luft, das
Wasser andererseits viel dünner. Ein Land dichten,
wassergesättigten Nebels «betreten» wir: denn kein
hartes Gestein findet unser imaginärer Fuß in den
frühen atlantischen Zeiten. Auch das menschliche
Skelett besteht noch nicht aus knochiger, sondern
aus bildsamer knorpeliger Substanz. Überhaupt ist
die Bildung der Menschengestalt noch im Werden,
und erst nach der Mitte der atlantischen Zeit beginnt sie sich zur heutigen Form zu konsolidieren.
Begierden, moralische Tugenden usw. wirkten in
den frühen atlantischen Zeiten noch unmittelbar
gestaltbildend. Niedere Seeleneigenschaften hatten
riesenhaftes Anwachsen der mit diesen Eigenschaften verknüpften Leibesglieder zur Folge; höher ste-

hende Eigenschaften bewirkten eine Verkleinerung der ganzen Leibesgestalt.

Von «Niflheim» spricht das Nibelungenlied in Erinnerung an das atlantische «Nebelland». Eingetaucht in diese Nebelatmosphäre erschienen dem Atlantier, insofern er allmählich anfing, äußere Sinneseindrücke zu empfangen, die Dinge seiner Umgebung, verschwommen im Umriß dem äußeren Auge, das erst auf dem Wege war, sich zur heutigen Form herauszukristallisieren. Kein Bewußtsein scharf konturierter Gegenstände, mit anderen Worten: kein Gegenstandsbewußtsein im heutigen Sinne war im atlantischen Menschen schon voll entwickelt; erst im Laufe langer Zeiträume bildete es sich zu seiner heutigen Form heraus.

Wie also war der zunächst dominante Bewußtseinszustand des atlantischen Menschen geartet? Der Atlantier lebte in einem *Bilder*bewußtsein, dem noch der Charakter der Hellsichtigkeit eignete, das heißt, dem noch übersinnliche Wesenheiten und Vorgänge zugänglich waren. In einem für unser Thema sehr wichtigen Vortrag aus dem Jahre 1905[4] gibt Rudolf Steiner von diesem atlantischen Bewußtsein die folgende Charakteristik: «Heute strebt der Mensch» – auf der Grundlage des voll ausgebildeten Gegenstandsbewußtseins – «danach, möglichst genau Gedanken und Vorstellungen von der Umwelt zu bilden. Der Urmensch dagegen bildete sich symbolische, sinnbildliche Vorstellungen, welche ... voller Leben erschienen.»

Es ist wichtig zu beachten, daß dem Atlantier seine Bildvorstellungen lebensdurchsättigt erschienen. Dieser Umstand hängt damit zusammen, daß sich der Ätherleib und vor allem dessen Kopfteil erst in relativ später atlantischer Zeit in den physischen Leib respektive Kopf völlig hineinsenkte. Als Träger der Lebenskräfte wie auch der Erinnerungskräfte stand dieses Wesensglied noch viel inniger mit dem Astralleib als dem Träger der Bewußtseinserscheinungen in Verbindung. Deshalb waren die Bewußtseinsvorgänge im konkreten Sinne des Wortes noch viel lebendiger als heute, und auf der anderen Seite konnten diese Bewußtseinserlebnisse auch viel besser von der Erinnerung bewahrt werden. Bis in die spezifische Form der atlantischen Technik hinein wirkte sich der noch engere Zusammenhang von Ätherleib und Astralleib aus: das lebensvolle Bilderbewußtsein konnte auch die Lebenskräfte in Pflanze und Tier in seinen Dienst stellen. So spricht Rudolf Steiner in solchem Zusammenhang etwa von in geringer Höhe über dem Boden schwebenden Fahrzeugen, die in dieser Art angetrieben wurden.

Doch folgen wir seiner Charakterisierung dieses Bilderbewußtseins noch etwas weiter:

«Wenn Sie heute einem Menschen gegenübertreten, dann versuchen Sie, sich vor allen Dingen einen Begriff davon zu machen, ob es ein guter oder böser, ein gescheiter oder ein dummer Mensch ist, und Sie versuchen einen Begriff zu bekommen, der in möglichst trockener Art dem äußeren Menschen entspricht. Das war nie der Fall bei dem Urmenschen der Atlantis. Ihm stieg ein Bild auf, nicht ein Verstandesbegriff. Trat er einem bösen Menschen gegenüber, so stieg ihm ein Bild auf, das dumpf und finster war. Die Wahrnehmung wurde aber nicht zu einem Begriff. Gleichwohl richtete er sich, benahm er sich nach diesem Bilde. Wenn er ein helles, schönes Bild vor sich hatte, das ihm traumhaft vor seiner Seele stand, dann wußte er, daß er Vertrauen schöpfen konnte zu einem solchen Wesen. Und er bekam Furcht vor einem Bilde, wenn es in schwarzen, roten oder braunen Farben in ihm aufstieg.»

Aber nicht nur von den äußeren Gegenständen der physischen Umgebung oder von den atlantischen Mitmenschen kündete dieses lebensgesättigte Bilderbewußtsein; seine Bewußtseinsbilder erschienen dem Atlantier zugleich auch durchatmet von der Präsenz einer mächtigen Gottheit. Gerade dieser zweite Aspekt des atlantischen Bilderbewußtseins kann uns an das Geheimnis des alten Tao-Erlebens heranführen. Denn der Atlantier «fühlte so, als ob die in diesen Bildern wirkende Gottheit *in ihm selber* wäre. Er sprach von der Gottheit, die sich im Windeswehen ankündigte, im Waldesrauschen und auch in den Bildern des inneren Seelenlebens, wenn es ihn drängte, zu einer erhabenen Menschheitszukunft hinaufzuschauen. Und das nannte er Tao.»

3. AUS DEM TAO GEBORENES ICH

Nicht als vom Verstande erarbeiteter Begriff, sondern, wie Rudolf Steiner sagt, als «Eingebung» ging dem atlantischen Bilderbewußtsein die Wahrheit über dieses oder jenes sinnliche oder übersinnliche Wesen auf. Und als tao-eingegeben wurden solche Wahrheiten erlebt.

Was erlebte, so können wir hier fragen, der Atlantier als die *bedeutendste* Tao-«Eingebung», als das alles andere an Bedeutung überragende Tao-Geschenk? Während auf dem alten Saturn, der ersten planetarischen Verkörperung unseres Evolutionszyklus, die erste Anlage des physischen Leibes des Menschen, auf der alten Sonne jene des Ätherleibes und auf dem alten Mond die des Astralleibes gebildet wurden, ist die Evolutionsphase der Erdentwicklung die eigentliche Phase der Ich-Werdung des Menschen[5]. Einen Doppelaspekt müssen wir am menschlichen Ich unterscheiden: Kein Mensch hat sein Ich-Wesen selbst gemacht: von höheren Wesenheiten ist es ihm verliehen worden. Dafür aber, daß sich das Göttergeschenk des Ich in allen menschlichen Betätigungen immer stärker und immer reiner *manifestiert*, hat der Mensch im Laufe seiner Entwicklung selbst zu sorgen.

Erst aber mußte in der lemurischen und im Laufe der atlantischen Zeit dieses Ich stufenweise in die Hüllen des Astralleibes und des Ätherleibes herabgesenkt werden, bis es in der zweiten Hälfte der atlantischen Zeit endlich auch im physischen Leibe angekommen war. In den beiden letzten Stufen der Ich-Einsenkung in den ätherischen und den physischen Leib haben wir die bedeutendste Tao-«Eingebung» des atlantischen Menschen zu sehen.

Tao-durchklungen – so erlebte Atlantis durch Jahrtausende hindurch die beiden letzten Stufen der Einsenkung des tao-geschenkten Ich in die Hüllen des Ätherleibes und des physischen Leibes. Tao – so tönt es, Jahrtausende lang, und wie im Echo formt sich die Leibesgestalt. Denn ich-angepaßt muß sie werden. Und wie aus dem Tao-Klang geboren senken sich Iche, Jahrtausende lang, in nunmehr geformte Leiber, ähnlich wie wir sie heute haben.

Fester tritt allmählich der gestaltete Fuß auf härtere Erde. Sie selbst, die tao-durchklungene Mutter – noch nicht die geist-lose «materia» des nachatlantischen Physikers – sinnt, Zeiten hindurch, dem Mysterium ihrer schwersten bisher, doch größten Geburt nach: Iche haben sich niedergesenkt, so spricht sie, aus den unermeßlichen Weiten des Tao, bis herab zu mir selbst, der die Leiber der Menschen entstammen. Als *Erden*-Iche werden sie fortan meinen Leib beschreiten. So sann sie und blickte hinauf durch Wasser und Nebel zur Aura der Sonne.

Dort oben, so lehrten schon lange im tief verborgenen Sonnenorakel die in den *Ursprung* des Tao eingeweihten Priester, wohnen die formenden Geister, spendend die Funken des Ich in die Hüllen der Menschen. Dort oben, inmitten der Geister der Form, wohnt auch das Welten-Ich, das später, in zukunftsfernen Tagen, aus eigener Kraft und freiem Entschluß herabsteigen wird zum Heile der Menschheit – Christus wird man es nennen.

***

«Bedeutsam von oben nach unten strahlen»[6] – so erlebte der alte Atlantier, auch fern vom Orakel der Sonne, das sich einsenkende Ich; als Geschenk des «Großen Geistes», der im Tao ihm aus allem entgegenklang. Die Geburt der großen «Steuerkraft» in Leben und Leib erlebte er, nachdem diese Jahrtausende und Aberjahrtausende von außen, das heißt von höheren geistigen Wesenheiten «gesteuert» worden waren.

Von insgesamt sieben Geistern der Form spricht Rudolf Steiner. In der Sonne haben sie ihren Wohnsitz; einer allerdings sollte später im Mond seinen Sitz aufschlagen: Jahve werden ihn die alten Hebräer nennen. Elohim heißen sie in der Bibel, und als «Pleroma» (Fülle) wurden die sechs Sonnen-Elohim in der christlichen Gnosis verehrt. Indem sie Ich-Bringer sind, können sie auch Menschheit-Bringer genannt werden, denn durch den Empfang eines Ich und die Entwicklung eines *Bewußtseins* von diesem Ich betritt seit den fernen Zeiten des alten Saturn bis zu den fernen Zeiten des Vulkan-Planeten ein jegliches Wesen die Stufe der Menschheit.

Noch kaum waren im damaligen Atlantis Rassendifferenzierungen ausgeprägt; *andere* Wesen impulsieren die Rassenbildung, wenn auch mit den Geistern der Form verwandte; zurückgebliebene Geister der Bewegung[7] sind es, die auf dem alten Monde dem menschlichen Wesen einst den Astralleib einflößten; «abnorme» Geister der Form werden sie von Rudolf Steiner genannt. Nicht zu ihnen, deren Wirken erst in den Anfängen lag, blickte der Atlantier hinauf. Die Menschheit-Bringer waren es, die er erlebte im aurischen Scheine der Sonne. Ein Zeitalter der «Größe und Herrlichkeit» war es, so Rudolf Steiner im Volksseelen-Zyklus, «wo noch wenig um sich gegriffen hatte die Rassenspaltung, wo die Menschen hinaufschauen konnten nach der Sonne und wahrzunehmen vermochten die durch das Nebelmeer eindringenden Geister der Form . . . Das, was zusammenwirkte von den sieben Geistern der Form, das nannte der Atlantier den Großen Geist, der in der Atlantis dem Menschen sich offenbarte.»[7]

«Großer Geist» als Tao erklingend: die ganze Schöpfung ist dem Atlantier von ihm durchwaltet. Und nicht im Gegensatz zur Welt stand ihm das seinen Ätherleib und seinen physischen Leib durchdringende Ich: erlebte er doch, wie es ihm zuklang durch die geistdurchwirkte Natur aus dem Umkreis der Sonne. Geist vom Geist war ihm das Ich, eins mit dem Großen Geiste der Welt, der alles durchwaltet. Verschränkt lag das Innen im Außen, Geist in Materie noch, lemniskatenhaft verschlungen, vereint durch das allwaltende Tao. «Halb gegenständlich, halb geistig»[8] war dem Atlantier sein «Gott», umfaßt er doch beides: Im Rieseln des Wassers, im Schweifen des Nebels, im Wachsen der Pflanzen erlebte er das Tao; am reinsten aber im Erklingen des göttlichen Ich.

4. UNTERGANG DES SCHAUENS –
AUFGANG DES DENKENS

Doch je mehr das Einzel-Ich den Ton angibt, um so mehr beginnt Tao, das allwaltende, zu verklingen. Verklingend nur tönt noch das mächtige Tao, verbergend sich allmählich *im ersten Regen der Denkkraft*. Ur-Semiten nennt Rudolf Steiner jene Atlantier, die als erste ich-haft aktives Denken entwickeln. «Ich bin der Ich bin» wird sich der Geist ihrer hebräischen Nachkommen nennen. Bis in die Sinne ertönt ihnen das Ich, und als Erstling des Erden-Ichs regt sich das Denken. Zurück tritt das mächtige Gotteserleben, zu dämmern beginnt am Horizonte der Zeiten Gedanken-Vernehmen. So verstummt der Seele das Tao; *Vernunft* hebt leise die Stimme.

***

Gewaltig aber waren auch Leidenschaft, Selbstsucht und Irrtum, denn schon zur lemurischen Zeit hatte einst der auf dem alten Monde zurückgebliebene Luzifer[9] in das Reich der menschlichen Seelen gegriffen. Trotz der Ankunft des königlichen Ich führen Leidenschaft und Sinnesverstrickung mächtig das Zepter; es verdunkelt sich der einstmals offene Blick in die Zukunft. Furcht und Finsternis ergießt in die Winkel vieler Seelen der andere Widersacher der Menschheit; Ahriman[9] nennt ihn der spätere Perser. Verführt und verfinstert mißbrauchen die Tao-Fernen die heiligen Kräfte des Lebens, als Sklaven sich steigernder, niemals befriedigter Selbstsucht.

Fort führt Manu, der Eingeweihte des Sonnen-Orakels, die besten der Atlantier, vom kälteren Norden der Insel, unweit vom heutigen Irland[10]; aus ursemitischem Stamme waren sie, seine Getreuen, an Hellsehen und Hellfühlen die letzten atlantischen Menschen, an Denkkraft die ersten.

Zu rasen beginnen die Seelengewalten der Tao-Fernen. So antwortete die Natur, die noch innig verbündet dem menschlichen Seelengeschehen: mächtige Luft- und Wasserkatastrophen zerstörten das einstige Tao-Land.

Manu heißt Mensch; in beidem steckt «mens» – der denkende Geist. Dies war die hehre Mission des Manu und seiner Schar: hinüberzuretten die alte hellsichtige Geist- und Götterverbundenheit, hinüberzuretten verklingendes Tao-Erleben in die neue Zeitenrunde, hinüberzuretten es in der Form des sich entwickelnden *Denkens*.

«Evolution des Denkens» – so wird für lange Jahrtausende über der Bewußtseinsentwicklung der Menschheit geschrieben stehen; doch hinter diesen zielweisenden Weltenlettern leuchten in zarteren, komplementären Farben die anderen durch: «Involution des Schauens» – so lesen wir auf den zweiten Blick. Mit anderen Worten: Aus dem einstmals herrschenden Schauen, das jetzt in den Hintergrund zu treten (zu involvieren) beginnt, entwickelt sich das junge Denken heraus. Als Erbstück der alten atlantischen Hellsichtigkeit wird es in die nachatlantischen Kulturepochen hineingetragen.

Wesenhaft und kraftend war das Geist-Erleben des alten Atlantiers gewesen; noch nicht im Verfügungsbereich der Freiwilligkeit hatte das Tao-Erleben gestanden; mit Weltmächtigkeit stellte es sich auf dem Schauplatz atlantischer Seelen ein. Indem nun die wirklichkeits- und kraftdurchtränkte Tao-Geistigkeit mehr und mehr zur abstrakten Form der Gedanken-Geistigkeit herabgelähmt wird, betritt das Menschen-Ich auf den nachatlantischen Hauptkulturschauplätzen *die Entwicklungsbahn der Freiheit*. Denn nur innerhalb der durch das abstrakte Denken gebildeten toten Geistigkeit (aber doch Geistigkeit!), aus der alles wesenhaft Wirkende sich nach und nach gänzlich zurückzieht, kann das Ich auf dem Gedankenplan sein *eigenes freiwilliges Wirken entfalten*. So gefriert die lebendige, wesenhaft wirkende Tao-Spiritualität im Laufe der nachatlantischen Hauptkulturen zur Eisschicht abstrakter Ideen, wie sie das Denken rein zu erfassen lernt.

Drei kulturbegründende Mysterienströme ergießen sich aus der untergehenden Atlantis über die

Konturen gewinnenden Festländer des Ostens und des Westens[11]. Ostwärts zieht sich über Irland, England, Nordfrankreich, Skandinavien und Rußland ein *nördlicher* Strom nach Innerasien; über Südspanien, Griechenland, Ägypten bewegt sich ein *südlicher* Strom ebenfalls auf das asiatische Gebiet zu. Ein dritter Strom fließt westwärts nach Amerika.

Maßgeblich für die Befruchtung der bisherigen nachatlantischen Kulturen waren in erster Linie die (nördlich und südlich) nach Osten gerichteten Mysterienströmungen. In den nördlichen Mysterien lernte der Einzuweihende, zum Kern der von Ahriman geistverhüllten Natur zu dringen; in den südlichen Mysterien wurde er hinter die von Luzifer verschleierten Geheimnisse des eigenen Seelendaseins geführt.

***

Doch nicht mit einem Schlage verklingt auch in der nachatlantischen Zeit altes Tao-Erleben. In den verschiedensten Kulturkreisen finden wir, der Sache oder wenigstens dem Namen nach, bis in neuere Zeiten hinauf Tao-Spuren.

Im ersten Buch Moses begegnet uns Methusael, der nach einem Hinweis Rudolf Steiners der Erfinder der «Tao-Schrift» ist.[12] Zur Zeit von König Salomo tritt nach der Überlieferung der Tempellegende um das Jahr 1000 vor Christus Hieram in einem entscheidenden Moment mit dem magisch wirkenden Tao- oder Tau-Zeichen auf, einem Kreuz in der Form eines T, in dessen Gewalt die Arbeiter des salomonischen Tempelbaues stehen[13]. Zu den Kainssöhnen, den Bringern der Erdenwissenschaft, gehört Hieram, und wie ein Bewahrer atlantisch-magischer Technik, die in der Zukunft auf höherer Stufe ihre Wiedererweckung finden wird, tritt er uns entgegen.

Auch im alten Ägypten ist noch von «Tao-Büchern» die Rede; doch deutlichere Spuren erhalten sich in China, das nach Rudolf Steiner bereits zur atlantischen Zeit bevölkert gewesen war.[14]

Das klassische historische Dokument des chinesischen Taoismus ist das vermutlich im 6. Jahrhundert vor Christus von Lao-tse verfaßte *Tao-te-king* («Buch vom Tao»). Während zur gleichen Zeit Heraklit vom Feuer als dem Urgrund der Dinge sprach und Buddha zunächst für die Angehörigen der südlichen Mysterienströmung in dem «achtgliedrigen Pfad» den Weg zur Befreiung aus der Sinnen- und Daseinsverstrickung zeigte, lehrte Lao-tse den Weg zum «absoluten Tao», das in seiner konkreten Spiritualität dem sich entwickelnden abstrakten Intellekt jedoch bereits zu entgleiten beginnt. So lesen wir im *Tao-te-king*: «Das Tao, über das ausgesagt werden kann, ist nicht das absolute Tao.»

5. SKYTHIANOS UND DIE «BEWAHRUNG» ATLANTISCHER HELLSICHTIGKEIT IM WESTEN

Gemäß den Ziellettern der zur Verwirklichung der individuellen Selbstbewußtheit und Freiheit tendierenden Bewußtseinsentwicklung innerhalb der nachatlantischen Hauptkulturzentren Indiens, Persiens, Ägyptens und Griechenlands muß das hellsichtige Tao-Erleben naturgemäß in den Hintergrund rücken. So haben wir es in der nachatlantischen Zeit mit einer fortschreitenden Abnahme des alten Tao-Erlebens zugunsten der sich als Freiheitsgrundlage entwickelnden abstrakten Intellektualität zu tun. Und doch lebt alte Tao-Geistigkeit auch in nachatlantischer Zeit nicht nur gewissermaßen spurenweise oder reliktartig fort, wie wir dies im letzten Kapitel feststellen konnten; nach einem Hinweis Rudolf Steiners wurde atlantische Hellsichtigkeit auf gewissen nachatlantischen Nebenschauplätzen der Hauptkulturentwicklung in sehr zielgerichteter Weise «bewahrt», wie er sich ausdrückt, und zwar «für spätere Zeiten».[15]

Um es gleich vorwegzunehmen: nicht um eine Bewahrung der konkreten *Inhalte* atlantischer Hellsichtigkeit (oder atlantischen Tao-Erlebens) kann es sich hierbei in erster Linie handeln. Denn diese «Inhalte» – etwa hellsichtig erschaute übersinnliche Wesenheiten wie die Geister der Form – haben seit jener Zeit selbst eine Entwicklung durchgemacht und müssen jedem späteren Hellsehen in modifizierter Gestalt erscheinen. Es wird sich also vielmehr darum handeln, daß die Bewußtseins-*form* (oder die Gesetzmäßigkeit) atlantischer Hellsichtigkeit gewissermaßen als Fähigkeitspotential menschlicher Seelen für spätere Zeiten erhalten bleibt: es ist die Bewußtseins-*form*, für die es noch keine scharfe Trennung in Innen und Außen oder Materie und Geist gibt und die wir im Bisherigen kurz als «Tao-Erleben» bezeichnet haben. Diese dem modernen Menschen zumeist gänzlich verlorengegangene Bewußtseins-*form* sollte als menschliches Fähigkeitspotential für spätere Zeiten «bewahrt» werden. Dies muß im folgenden stets im Auge behalten werden, wenn von der *Bewahrung atlantischer Hellsichtigkeit* die Rede ist.

In den Westen haben wir den Blick zu richten, wenn wir den wichtigsten Schauplatz finden wollen, auf welchem solche Bewahrungsarbeit gewissermaßen in systematischer Weise geleistet wurde. Nicht alle Wanderzüge nach dem Untergang der alten Atlantis erreichten ihr Zielgebiet im Osten. Es gab die Ostwanderung abbrechende sowie wiederum westwärts zurückwandernde Völkerschaften. Sie bildeten die keltisch-europäische Urbevölkerung, deren Kulturentwicklung bis in die griechisch-römische Kulturepoche hinein von den Errungenschaften und Impulsen der Hauptkulturepochen und -schauplätze Indiens, Persiens und Ägyptens weitgehend unberührt blieb; jedenfalls kann dies von der im westlichen und wohl auch teilweise von der im nördlichen Europa angesiedelten keltischen Bevölkerung gesagt werden.

In dem für unseren unmittelbaren Zusammenhang zentralen Schlußvortrag von Rudolf Steiners Vortragszyklus *Der Orient im Lichte des Okzidents*[15] lesen wir: «Es hatten sich große Weistümer mitgebracht die Menschen, die aus der alten Atlantis herübergezogen sind nach Europa und weiter. In der alten Atlantis waren die meisten Menschen instinktiv hellseherisch; sie konnten hineinsehen in die Gebiete des Geistigen. Diese Hellsichtigkeit konnte sich nicht fortentwickeln» – es hatte sich ja auf den nachatlantischen Hauptkulturschauplätzen *das Denken* zu entwickeln – «*sie mußte sich zurückziehen zu einzelnen Persönlichkeiten des Westens. Sie wurde da geleitet von einem Wesen, das in tiefer Verborgenheit lebte einstweilen* – zurückgezogen selbst hinter denen, die auch schon zurückgezogen und Schüler eines großen Eingeweihten waren –, das sozusagen zurückgeblieben war, bewahrend dasjenige, was aus der alten Atlantis herübergebracht werden konnte, bewahrend es für spätere Zeiten.»

Von diesem «Leiter» der im Westen zu bewahrenden Hellsichtigkeit erfahren wir in demselben Vortrag, nun mehr im Zusammenhang mit der *Inhalts*seite dieser Hellsichtigkeit: «Diesen hohen

Initiierten, diesen Bewahrer der uralten atlantischen Weisheit, die tief hineinging sogar in alles dasjenige, was die Geheimnisse des physischen Leibes sind, kann man *Skythianos* nennen, wie es im frühen Mittelalter üblich war. Und es blickt derjenige, der das europäische Mysterienwesen kennt, zu einem der höchsten Eingeweihten der Erde hinauf, wenn der Name Skythianos genannt wird.»

6. SKYTHIANOS UND DIE MYSTERIEN HYBERNIAS

Hat, so mögen wir hier fragen, das Wirken dieses großen Eingeweihten im Westen in irgendeiner Hinsicht bleibende Gestalt angenommen? Hat es Spuren hinterlassen? In bezug auf äußerlich-historische Spuren des Wirkens dieses Eingeweihten im Westen muß die Frage wohl durchaus verneint werden. In anderer Richtung werden wir zu suchen haben.

Durch Jahrtausende hindurch barg der europäische Westen in Irland die hybernischen Mysterien. Bereits um die Wende vom vierten zum dritten vorchristlichen Jahrtausend müssen diese Mysterien existiert haben, suchte doch, nach einer Darstellung Rudolf Steiners[16], bereits zu Beginn des dritten Jahrtausends v. Chr. Gilgamesch, der Inspirator der babylonischen Kultur, in der Gegend des heutigen Burgenlandes eine Art Filiale dieser hybernischen Mysterien auf. Möglicherweise haben sie aber schon sehr viel früher bestanden.

«Die letzten großen Mysterien» nennt sie Rudolf Steiner einmal, «durch die sich aussprechen konnten die menschlichen und die kosmischen Geheimnisse.»[17] Und an anderer Stelle charakterisiert er sie als jene Mysterien, «welche von einer gewissen Seite her die alten Weisheitslehren der atlantischen Bevölkerung am reinsten bewahrt haben».[16]

Begegnet uns der Bewahrungsimpuls atlantischen Weisheitsgutes sowohl innerhalb der hybernischen Mysterien wie auch im Wirken von Skythianos, so lassen sich auch noch weitere Parallelen finden. Rudolf Steiner charakterisiert einmal in eindrücklichster Art den «geistigen Wall», von welchem die Bilder gerade der hybernischen Mysterien in der Akasha-Chronik umgeben seien, und er betont, daß sie «nicht durch ein historisches, *auch nicht durch ein hellseherisch-historisches* Schauen»[18] zu ergründen seien. Andererseits hebt er, zum Beispiel in der bereits angeführten Passage, den besonderen Charakter der Zurückgezogenheit oder Verborgenheit im Wirken des Skythianos hervor.

Dieser Eingeweihte gehörte im vierten nachchristlichen Jahrhundert dem Kollegium von vier Menschheitsführern an, die das Rosenkreuzertum konzipierten und als historische Strömung abendländisch-durchchristeter Spiritualität inaugurierten: Manes, Buddha und Zarathustra beteiligten sich neben Skythianos an dieser weittragenden Aufgabe. Während wir aber aus Rudolf Steiners Geistesforschung sehr vieles über Buddha, Zarathustra und, wenn auch schon weniger als bei den erstgenannten, über Manes erfahren – über Skythianos hat er vergleichsweise wenig gesagt. Das steht in einem auffälligen Kontrast zu seiner Bedeutung als «einem der höchsten Eingeweihten der Erde»!

Es ist, wie wenn Steiner gerade in bezug auf Skythianos, ganz im Einklang mit dessen Wirkensart, vieles in voller Absicht offengelassen oder nur zart angedeutet hätte – um das Ergründen weiterer Zusammenhänge der selbständigen spirituellen Aktivität seiner Hörer und Leser zu überlassen.

Fragen wir uns zum Beispiel einmal, ob wir innerhalb der Mysterienvorgänge Hyberbias nicht gewisse Elemente finden könnten, die sich in Zusammenhang bringen ließen mit Rudolf Steiners Charakterisierung von Skythianos als dem Bewahrer einer Weisheit, «die tief hineinging sogar in alles dasjenige, was die Geheimnisse des physischen Leibes sind». Wurden nicht gerade die Einzuweihenden der hybernischen Mysterien tief hineingeführt in gewisse Geheimnisse der menschlich-physischen Organisation?

In umfassendster, tiefster Weise wurden sie eingeweiht in das Geheimnis der menschlichen zwölf Sinne, das ihnen die menschliche und kosmische *Vergangenheit* erschloß.

In umfassendster, tiefster Weise wurden sie eingeweiht in das Geheimnis des menschlichen Herzens, das ihnen die menschliche und kosmische *Zukunft* erschloß. Bis zum fernen Saturnzustand der Erde, bis zum fernen Vulkanzustand der Erde weitete sich der hellsichtige Blick der Eingeweihten Hybernias.[19]

Kann bereits das selbständige Bedenken der merkwürdigen Parallelen gewisser Elemente der

Skythianos-Mission und bestimmter Elemente innerhalb der hybernischen Mysterienvorgänge zur gut begründeten Vermutung eines inneren Zusammenhanges zwischen diesem großen Eingeweihten und diesen «letzten großen Mysterien» führen, so läßt sich diese Vermutung durch eine mündliche Äußerung Rudolf Steiners zu Ita Wegman verifizieren. W.J. Stein, dem Wegman diese Äußerung mitgeteilt hat, hielt sie in seinen Tagebüchern folgendermaßen fest: «Skythianos ist der Eingeweihte Hybernias, des Westens. Er hütet die atlantische Weisheit.» Daß gerade Ita Wegman die Empfängerin dieser bedeutungsvollen Mitteilung war, ist alles andere als ein Zufall, sondern hängt selbst wiederum mit einem bedeutungsvollen Umstand zusammen, nämlich mit ihrer karmisch bedingten Zugehörigkeit zur hybernischen Mysterienströmung.[20]

So wäre die Frage, *wo* im Westen und durch welche Eingeweihten-Individualität und ihre Schüler in nachatlantischer Zeit alte atlantische Hellsichtigkeit bewahrt worden ist, durch das Bisherige bis zu einem gewissen Grade beantwortet.

Doch in der Zeit der ersten christlichen Jahrhunderte – etwa zur Zeit der Völkerwanderung – schließt die Mysterienstätte Hybernias ihre Pforten. Und die hybernischen Mysterienvorgänge wurden «zugleich geistig mit einem dichten Wall umgeben ..., so daß der Mensch sie nicht in passiver Weise ergründen kann ..., daß er sich ihnen nicht anders nähern kann, als indem er seine spirituelle Aktivität in sich erweckt hat»[18] – in vollkommener Übereinstimmung mit der Wirkensart von Skythianos, könnten wir nun hinzufügen.

Die Art, wie die hybernischen Mysterien verschlossen wurden, zeigt, daß in ihnen neben der Bewahrung atlantischer Hellsichtigkeit bereits mit der durch das abstrakt werdende Denken zu erringenden Freiheit des künftigen Menschen, der «seine spirituelle Aktivität in sich erweckt hat», durchaus gerechnet wurde. In dieser Hinsicht kann gerade an den hybernischen Mysterien und der eigentümlichen Art ihrer geistigen «Verriegelung» der Übergang von der (atlantischen) Evolution des Schauens zur (nachatlantischen) Evolution des Denkens beobachtet werden, wie sie für die menschliche Bewußtseinsentwicklung innerhalb der vierten und der fünften nachatlantischen Kulturepoche immer maßgeblicher werden sollte.

***

Wie ein historisches Mahnmahl an den wesenhaft-spirituellen Ursprung dieser Evolution der abstrakten Gedankengeistigkeit finden wir auf der irischen Insel, dem Ausgangsort der nördlichen nachatlantischen Mysterienströmung und Heimatort der hybernischen Mysterien, ein bemerkenswertes Tao-Kreuz. Es stand bis vor wenigen Jahren frei in der Landschaft und ist heute im Museum von

Dublin zu sehen. Auf dem oberen Balken, dessen Enden leicht ansteigen, sind zwei einander zugekehrte Gesichter eingemeißelt. Verlängert man in der Vorstellung die Blicklinien der beiden Gesichter, so treffen sie sich weit oben im Himmelszelt. Nach der Atlantis blickt, so scheint das eine Gesicht zu sagen, wenn ihr den Werdegang der nachatlantischen Kulturen begreifen wollt, wenn ihr begreifen wollt, wie das Denken aus dem Schauen hervorgegangen ist; denn, so fügt das andere Gesicht hinzu, das in die entgegengesetzte Richtung schaut, schon in der alten Atlantis wurde im Sonnenorakel, wurde von allen Tao-Eingeweihten der ganze Gang der nachatlantischen Kulturen zur Evolution des Denkens im prophetischen Blicke vorausgeschaut.

***

Ist die Bewahrung atlantischer Hellsichtigkeit «für spätere Zeiten» durch die hybernischen Mysterien schon vollumfänglich vollzogen worden, so könnten wir hier fragen, und waren die «späteren Zeiten», von denen Rudolf Steiner in diesem Zusammenhang sprach, mit dem vierten nachchristlichen Jahrhundert bereits angebrochen? Mit anderen Worten: ist die Tao-Weisheit und das Tao-Erleben nur bis ins vierte Jahrhundert hinein «bewahrt» worden, wie es vor allem im Westen Europas geschehen ist?

In zweifacher Weise setzte sich diese Bewahrung über das vierte Jahrhundert hinaus fort: *einerseits* in der bereits erwähnten Strömung des Rosenkreuzertums, welches damals von vier Eingeweihten-Individualitäten inauguriert wurde. Daß auch innerhalb dieser Geistesströmung in einer dem europäischen Westen angepaßten Form, das heißt in einer Form, die mit dem Heraufkommen des abstrakten naturwissenschaftlichen Denkens rechnete, tatsächlich alte Tao- oder Tau-Weisheit «bewahrt» wurde, kann unter anderem aus folgender Äußerung Rudolf Steiners hervorgehen: «Das Tauzeichen, das alte Kreuzeszeichen, heisst im Lateinischen crux. Und was heisst Tau, Tautropfen? Ros; ros-crux ist unser Rosenkreuz.»[21] Die zeitgemäße Kulmination dieser Geistesströmung stellt die Geisteswissenschaft Rudolf Steiners dar. Inwiefern schon im bloßen gedankenmäßigen *Verstehen* dieser Geisteswissenschaft in verwandelter Form alte Hellsichtigkeitskräfte «bewahrt» werden, kann dem 13. Kapitel entnommen werden.

Erinnern wir uns *andererseits* an die ebenfalls bereits erwähnte Tatsache, daß von der versinkenden Atlantis ein dritter Mysterienstrom auf den amerikanischen Kontinent hinüberging. Auch hier, im «großen» Westen, finden wir – wenn auch in ganz anderer Art – Spuren eines alten Tao-Erlebens, welche das vierte nachchristliche Jahrhundert überdauert haben.

7. DER «GROSSE» WESTEN UND DIE
BEWAHRUNG ATLANTISCHEN TAO-ERLEBENS

Rudolf Steiner stellt im «Volksseelen-Zyklus»[7] dar, wie der Sohn der braunen Rasse, – sie wird von Steiner als «Saturn»-Rasse bezeichnet – die ganz auf die Ausbildung des Denkens ausgerichtete Entwicklung der im Osten entstehenden Rassen und Kulturen, aus der auch die europäische Kultur der Neuzeit hervorgegangen ist, nicht mitgemacht hat: «Er hat festgehalten an dem Großen Geist der urfernen Vergangenheit. Das, was die anderen gemacht haben, die in urferner Vergangenheit auch den Großen Geist aufgenommen haben, das trat ihm vor Augen, als ihm ein Blatt Papier mit vielen kleinen Zeichen, den Buchstaben, von welchen er nichts verstand, vorgelegt wurde. Alles das war ihm fremd, aber er hatte noch in seiner Seele den Großen Geist.»[7]

Weiße Eroberer hatten in den vierziger Jahren des letzten Jahrhunderts versprochen, einem bestimmten Indianerstamm tauschmäßig ein Stück Land zu überlassen, dieses Versprechen aber nicht gehalten. Darauf hielt der Häuptling dieses Stammes nach langer Wartezeit vor den Weißen die folgende Rede: «Da, in dem Erdboden, wo die Eroberer unseres

Landes schreiten, sind die Gebeine meiner Brüder begraben. Warum dürfen die Füße unserer Überwinder über die Gräber meiner Brüder schreiten? Weil sie im Besitze sind dessen, was groß macht den weißen Mann. Den braunen Mann macht etwas anderes groß. Ihn macht groß der Große Geist, der zu ihm spricht in dem Wehen des Windes, in dem Rauschen des Waldes, in dem Wogen des Wassers, in dem Rieseln der Quelle, in Blitz und Donner. Das ist der Geist, der für uns Wahrheit spricht. Oh, der Große Geist spricht Wahrheit! Eure Geister, die ihr auf dem Papier hier habt und die dasjenige ausdrücken, was für euch groß ist, die sprechen nicht die Wahrheit.» Als einen «welthistorischen Dialog» charakterisiert Rudolf Steiner diese Szene, «der gepflogen worden ist zwischen den Eroberern und dem letzten der großen Häuptlinge der braunen Männer».

In eindrücklicher Art kann uns diese Rede zeigen, daß die Bewußtseinsverfassung des alten Tao-Erlebens im «großen» Westen, fern und unberührt von den östlich gelegenen Hauptkulturströmungen, weit länger bewahrt werden konnte als im europäischen Westen.

Nicht nur die Geistigkeit der Natur, auch die Geistpräsenz der sogenannten Toten gehörte zum indianischen Tao-Erleben wesentlich dazu. Dies geht in deutlicher Weise aus einer anderen, berühmt gewordenen Indianerrede hervor, aus der Rede des Häuptlings Seattle.

«Uns ist die Asche unserer Ahnen heilig», ruft Seattle den achtlos über die indianischen Gräber schreitenden Eroberern zu. «Ihr zieht weit fort von den Gräbern Eurer Ahnen und scheinbar ohne Bedauern ... Eure Toten hören auf, euch und das Land ihrer Geburt zu lieben, sobald sie die Grabespforten durchschritten und sich jenseits der Sterne begeben haben. Sie sind bald vergessen und kehren niemals zurück. Unsere Toten vergessen die schöne Welt nie, die ihnen das Dasein gab ..., und mit zärtlichem Gefühl wenden sie sich stets den mit einsamen Herzen Lebenden zu, und oft kehren sie aus den glücklichen Jagdgründen zurück, um sie zu besuchen, zu führen, zu trösten und zu erquicken.»[22]

Neben diesem mächtigen Gefühl der Verbundenheit mit den Verstorbenen wurde auch die in der Rede durchschimmernde Vorstellung von dem sich reinkarnierenden Menschengeist im indianischen Tao-Erleben aus alter Zeit bewahrt, während sich beide Erlebniselemente auf den östlich gelegenen nachatlantischen Kulturschauplätzen gleichsam verdünnt und schließlich scheinbar ganz verloren haben.

So wurden im «großen» Westen innerhalb der «Saturn»-Rasse atlantische Tao-Weisheit und atlantisches Tao-Erleben weit länger bewahrt als im Westen Europas. Es ist in diesem Zusammenhang außerdem bemerkenswert, daß gerade in bezug auf die nordamerikanische «Saturn»-Rasse der Rassenbegriff eine ganz besondere Nuance enthält: Denn der atlantische Hellsichtigkeit bewahrende Indianer konnte in seiner Verehrung des großen Tao-Geistes noch «etwas ahnen von der Größe und Herrlichkeit eines Zeitalters, wo noch wenig um sich gegriffen hatte die Rassenspaltung»[7], wie Rudolf Steiner im angeführten Zyklus feststellt. Ein bestes Extrakt *menschheitlicher* Geistigkeit wurde auf dem amerikanischen «Nebenschauplatz» für spätere Zeiten bewahrt; im Gegensatz zu der europäisch-westlichen Rosenkreuzerströmung in einer vom Intellekt noch kaum berührten Art.

Immer mehr wird aber solches Bewahren atlantischer Hellsichtigkeit im «großen» Westen im Laufe der Zeiten an das sich über verschiedene Inkarnationen erstreckende Wirken von ganz konkreten Individualitäten gebunden sein, denn von der indianischen Rasse als ganzer kann dies in Zukunft nicht mehr erwartet werden. Es wirken in ihr in höchstem Maße Alters- und Abbaukräfte. Sie ist als Rasse bereits dem Untergang geweiht, was lange vor Rudolf Steiners spiritueller Rassenforschung innerhalb der weißen Menschheit zumindest vielfach geahnt worden sein mag. Selbstverständlich kann die barbarische «Beschleunigung» dieses Untergangs durch solche Ahnungen, insofern sie bei den entsprechenden historischen Vorgängen tatsächlich mitgespielt haben, keineswegs gerechtfertigt werden.

Doch nicht nur beste Extrakte atlantischer Weisheit wurden innerhalb der hybernischen Mysterien und, in viel spätere Zeiten hineinreichend, auf dem amerikanischen Kontinent bewahrt. Auch in äußerst karikierter Form hat altes Tao-Erleben in späterer Zeit fortgewirkt. Zwei welthistorische Hauptkarikaturen dieser Art sind zu verzeichnen, die eine mehr ahrimanisch, die andere mehr luziferisch tingiert.

Auf altmexikanischem Gebiet wurde schon lange Zeit vor der Zeitenwende schwarz-magisches Mysterienwissen mit den entsprechenden Praktiken kultiviert. Inspiriert wurden diese Mysterien, die zur Zeit, als sich in Palästina das Mysterium von Golgatha zutrug, ihren dramatischen Höhepunkt erlebten, von einem «Taotl» genannten Geist, der sich schon in seinem Namen als Abkömmling des einstigen Tao-Geistes zu erkennen gibt. Mitten in der Zeit des ersten Weltkriegs-Tobens sah sich Rudolf Steiner veranlaßt, im September 1916 auf die beiden wichtigsten Tao-Karikaturen der nachatlantischen Zeit zu sprechen zu kommen. In bezug auf die Taotl-Mysterien sagt er am 18. September 1916: «Wenn der Atlantier von seinem Großen Geiste

sprach, so drückte er das aus ... in dem Worte ...
Tao. Und eine ahrimanische Karikatur, ein ...
Gegner dieses Großen Geistes, der aber doch mit
ihm verwandt war, der wirkte so, daß er nur vor
dem atavistisch-visionären Schauen sichtbar werden
konnte ... Diesen Geist nannte man mit einem
Worte, das so ähnlich klang: Taotl. Das war also
eine ahrimanische Abart des Großen Geistes, Taotl
– eine mächtige, nicht bis zur physischen Inkarnation kommende Wesenheit.»[23]

Was wurde nun über alle schwarz-magischen
Nahziele hinaus – sie schlossen die systematische
Durchführung von bestimmten rituellen Morden in
sich ein – durch die ahrimanischen Taotl-Mysterien
letztlich angestrebt? «Ein ganz auf Ertötung jeder
Selbständigkeit, jeder Seelenregung von innen heraus gerichtetes allgemeines Erden-Todesreich,
könnte man sagen, sollte erstrebt werden» – so
Rudolf Steiner am 18. September[23] –, «und in den
Mysterien des Taotl sollten diejenigen Kräfte erworben werden, welche den Menschen befähigten, ein
solches ganz mechanisiertes Erdenreich herzustel-
len.» Aus diesem derart präparierten Erdenreich
sollten die Seelen «herausgepreßt» werden, so daß
ein besonderer «luziferischer Planet angelegt werden könnte». Schon dieser knappen Charakteristik
der Praktiken und Ziele der Taotl-Mysterien wird
man entnehmen können, wie sich ahrimanisch und
luziferisch karikierte Tao-Kräfte gleichsam in die
Hände arbeiten.

Wie war nun die Tao-Karikatur mit luziferischem Hauptakzent, wie wir sie im Osten antreffen, beschaffen? Denn auch in Asien war innerhalb einer bestimmten Priesterschaft an den atlantischen Großen Geist angeknüpft worden. Einer der Priester der luziferisierten Tao-Mysterien Asiens wurde dazu präpariert, von dem «Großen Geist» eine Art Auftrag einzuholen, wie er in der alten Atlantis für die damaligen gewaltigen Herrscher hätte ausgegeben werden können. Mit einem solchen, in spätere Zeiten versetzten Geist-Auftrag impulsierte er den jungen Dschingis-Khan, der um die Wende vom 12. zum 13. Jahrhundert ganz Europa durch die von ihm dirigierten Mongolenstürme in Furcht und Atem hielt.

Was wurde innerhalb dieser Priesterschaft vermittels der Mongolenstürme letztlich bezweckt? Rudolf Steiner äußert sich darüber am 17. September in der folgenden Weise: «Es sollte in der stärksten Weise gearbeitet werden, die Seele des Menschen ganz einzulullen in dämmerndes Erleben der Imaginationen. Die Absicht bestand, mit den besonderen Kräften, die da aus der Atlantis herein erhalten waren, so nach dem Westen zu wirken, daß die Kultur des Westens eine visionäre Kultur geworden wäre. Dann hätte man die Seelen abtrennen und einen besonderen Kontinent, einen besonderen planetarischen Körper mit ihnen bilden können. Alle Unruhen, welche durch die Mongolenstürme und alles das, was damit zusammenhängt, in die

Entwickelung der neueren Menschheit gekommen sind ... bedeuten den großen, von Asien ausgegangenen Versuch, die europäische Kultur zu ‹vervisionieren›, um sie abzutrennen von den Bedingungen der fortlaufenden Evolution, um sie gewissermaßen hinwegzuführen von der Erde.»[23]

Während zur Zeit, als sich in Palästina das Mysterium von Golgatha vollzog, der größte Eingeweihte der Taotl-Mysterien von einem noch größeren weißmagischen Eingeweihten besiegt werden konnte, wurde die asiatische Attacke durch die fortschrittlichen Evolutionsmächte zunächst in anderer Weise abgewendet: die europäische Menschheit wurde zur Entdeckung Amerikas inspiriert. «Die Entdeckung Amerikas und alles, was damit zusammenhängt, überhaupt das Sich-Hineinleben in die materiellen Schauplätze der Erde, das bedeutete, von großen Gesichtspunkten aus gesehen, das Gegengewicht gegen die Tätigkeit des Dschingis-Khan» – so Rudolf Steiner in demselben Vortrag.

Die reguläre Bewußtseinsentwicklung der Menschheit tendiert in unserem fünften nachatlantischen Zeitraum zur Ausbildung einer von altem visionärem Erleben gereinigten Beobachtungsfähigkeit einerseits und zur Ausbildung eines spirituell-imaginativen Schauvermögens andererseits, das aber von der inzwischen ausgebildeten Vernunft begleitet und kontrolliert werden muß. Gegen diese regulären Entwicklungstendenzen stürmten die beiden angeführten karikierten Tao-Impulse in mächtigster

Weise an. Obwohl aber die damaligen ahrimanisch-
luziferischen Tao-Absichten durchkreuzt werden
konnten, sind die mit diesen Absichten verbundenen Gegentendenzen selbstverständlich nicht einfach für alle Zukunft unwirksam geworden. Vielmehr ist während des ganzen weiteren fünften
nachatlantischen Zeitraumes, der noch rund 1500
Jahre dauern wird, mit ihrem zweifellos nicht
schwächer werdenden Wirken durchaus zu rechnen.

9. D. N. DUNLOP UND DIE TAO-STRÖMUNG
DES «GROSSEN» WESTENS

Wenden wir uns nun wieder jener anderen Tao-Strömung zu, die innerhalb der nordamerikanischen Saturn-Rasse im Vergleich zu den beiden Tao-Karikaturen gewissermaßen in regulärer Weise bis in die beginnende Neuzeit hinein weitergeflossen ist.

«Zu einzelnen Persönlichkeiten des Westens» habe sich die atlantische Hellsichtigkeit zurückgezogen, hatte Rudolf Steiner im Münchner Zyklus festgestellt. In bezug auf den «Großen» Westen kämen nun als Hauptträger der bereits charakterisierten Bewahrungsaufgabe wohl in erster Linie solche Persönlichkeiten in Betracht, die sich zur einen oder anderen Zeit innerhalb der amerikanischen Saturn-Rasse inkarniert haben; wie gerade innerhalb dieser westlichen Rasse umfassende Tao-Geistigkeit bis in die Neuzeit hinein fortgelebt hat, haben wir in einem früheren Kapitel dargestellt.

Eine mit dem Tao-Strome im allgemeinen und mit der Bewahrung taoistischer Geistigkeit im besonderen tief verbundene Seele können wir in der Individualität D. N. Dunlops entdecken, dem diese kleine Schrift gewidmet ist.

Wenige Tage nach Dunlops Tod am Himmelfahrtstage des Jahres 1935 hatte Ita Wegman, die seit einem guten Jahrzehnt mit Dunlop freundschaftlich verbunden gewesen war, bei der Betrachtung des Antlitzes des Verstorbenen die folgenden, bereits im Vorwort erwähnten Impressionen:

«Und dann, nachdem er hinweggegangen war, fand die außerordentliche Verwandlung in Mr. Dunlops Gesicht statt. In diesem Antlitz trat sein ureigenstes Wesen zutage. Es zeigte die Spuren des Geistes in seiner wahren Gestalt, unbeeinflußt durch Nationalität und Erziehung oder durch die Mühen des Lebensalltags. Dies Antlitz war wie eine Offenbarung, es war als ertönte von seinem Haupte her das Wort TAO, und ein Bild erschien, als gehöre dieses Antlitz zu einem Menschen, der den Offenbarungen des Großen Geistes lauschte. Ein Mensch, der mit aller Anstrengung dem Rauschen des Windes lauschte, der eins zu sein schien mit allem, was sich hinter der Natur verbirgt.»[24]

In diesem Zusammenhang erinnerte sich Wegman auch eines Wortes von Rudolf Steiner, der einmal bemerkt hatte, daß Dunlop «altwestliche Kenntnisse besitze» und die Aufgabe habe, «die Menschen über kosmische Zusammenhänge zu unterrichten». Nach einer anderen, von Bernhard Lievegoed überlieferten mündlichen Äußerung Rudolf Steiners habe D. N. Dunlop einst mit nordamerikanischen Saturn-Mysterien in Verbindung gestanden. Sowohl diese Äußerungen Rudolf Steiners wie auch die oben angeführte Impression Ita Wegmans scheinen auf eine wichtige Inkarnation D. N. Dunlops innerhalb der Saturn-Rasse des Westens hinzudeuten.

Noch deutlicher und gleichsam greifbarer zeichnet sich die Spur in den «großen» Westen in einem Schau-Erlebnis ab, das Eleanor C. Merry, die langjährige Vertraute Dunlops, im Zusammenhang mit ihm einmal gehabt hat. Doch nicht nur das im folgenden angeführte Erlebnis selbst; auch die sich anschließende kurze Gesprächsszene mit dem Freunde ist höchst aufschlußreich.

«Während unsere Freundschaft verschiedene Stadien durchlief, traten auch ganz verschiedene Seiten seines Wesens in Erscheinung», schreibt E. C. Merry in ihren autobiographischen Aufzeichnungen.[25]

«Anfangs trug er . . . viel Altöstliches an sich. Als ich Blavatskys *Geheimlehre* las, frappierten mich die mysteriösen Hinweise auf den Eingeweihten ‹Narada› . . . Dieser altorientalische Hauch war es, welcher der frühen Zeit meiner Bekanntschaft mit D. N. D. ihre besondere Färbung verlieh . . .[26]

Später trat seine *Heilernatur* stärker hervor, und von diesem Zeitpunkt an brachte ich ihn gefühlsmäßig immer mit dem alten Westen in Zusammenhang. Etwas ganz anderes als die ‹Narada›-Eigenschaften zeigte sich nun: ein Element konzentrierter Wissenschaftlichkeit trat in den Vordergrund. Man konnte den Eindruck gewinnen, daß er nun mehr mit der Lebenssphäre des menschlichen Leibes sowie mit der Natur in Verbindung stand. Ich machte

die überraschende Entdeckung, wie stark sein Mit-
gefühl für die Gebresten des physischen Leibes war
und wie intensiv sein Wunsch, zu deren Heilung
beizutragen.»

Gerade um diese Zeit, als die genannte Wesens-
schicht für E. C. Merry stärker in Erscheinung zu
treten begann, läßt sich in Dunlops Leben eine Art
objektiver Entsprechung zu diesem inneren «Schicht-
wechsel» feststellen:

«Etwa um diese Zeit forderte Dr. Steiner D. N. D.
dazu auf, sich der medizinischen Arbeit in England
sowie dem Aufbau der Weleda Company anzuneh-
men. Dieser Aufgabe widmete er sich mit großer
Herzenswärme, und staunend mußte ich feststellen,
wie gut er sich in Heilmitteln auskannte und wie
umfassend seine medizinischen Kenntnisse waren.»

Nach diesen mehr vorbereitenden Bemerkungen
schließt sich nun in E. C. Merrys Aufzeichnungen
die Schilderung des für unseren Zusammenhang
bedeutsamen Schau-Erlebnisses an:

«Eines Tages hatte ich ein bemerkenswert klares
Imaginationserlebnis, welches mir ihn – der Eindruck trat bereits *während* des Erlebens auf – in
einer alten westlichen Inkarnation zeigte.

Ich sah einen Indianer, auf der Erde sitzend. Er
war mit seiner leuchtenden Aura ‹bekleidet›, welche
vom Haupt das Rückgrat hinunterstrahlte, in der
gleichen Art, wie die heutigen Indianer ihre bunt-
farbenen Federn tragen. Vor ihm brannte eine
Flamme, die der Wind zur Sichelform blies; und zu

seinen Füßen lag eine Schlange. Er befand sich in tiefer meditativer Versenkung, und aus seiner Meditation heraus erstand vor seinem geistigen Auge eine mondenfarbene Lichtsäule, über die eine weibliche Gestalt – eine Mondgöttin – zur Hälfte hinausragte. Oben am Himmel glänzte Orion, während sich der Mond zum Horizont niedersenkte. Meditativ erforschte er das Wesen der Heilpflanzen.»

Von dem Erlebten malte E. C. Merry anschließend ein Bild, und als sie es D. N. Dunlop zeigte, stellte er lediglich fest, «daß schon AE» – der Jugendfreund Dunlops aus seinen Dubliner Jahren – «dasselbe Bild von ihm geschaut habe». Dieser freilassende Kommentar Dunlops, der sich darauf beschränkt, die Übereinstimmung zweier Schau-Erlebnisse im Zusammenhang mit seiner Person zu konstatieren, mag angesichts der freundschaftlichen Verbundenheit mit E. C. Merry vielleicht erstaunen. Doch im Grunde spricht daraus seine Hochschätzung vor der freien individuellen Urteilsbildung: Gerade auf dem Felde okkulter Erlebnisse, so scheint diese kleine Szene sagen zu wollen, kommt es in der heutigen Zeit in erster Linie auf die Ausbildung eines selbständigen und souveränen Urteilsvermögens an. Sowenig Dunlop in expliziter Weise zu dem von Mrs. Merry Erlebten Stellung nimmt, so aufschlußreich ist sein Hinweis auf AE, den irischen Dichter, mit dem Dunlop auch das ganze spätere Leben hindurch gewissermaßen in unterirdischer Verbindung gestanden hat.

AE bemerkte einmal in einem Brief an W.B. Yeats, daß er zwar «ein gewisses keltisches Geisteselement in sich trage, doch nicht aus vielen Leben. Ich erinnere mich lebhaft an das alte Amerika und an Chaldäa.»[27] Spricht aus diesem Bekenntnis, insofern es sich auf das alte Amerika bezieht, vielleicht der tiefere Grund, weshalb auch AE seinen Freund in deutlicher Weise im alten Westen geschaut hatte?

Auf jeden Fall haben wir in diesem bis heute sehr unterschätzten Dichter-Maler einen weiteren Repräsentanten jener Persönlichkeiten des Westens zu sehen, deren Aufgabe es ist, atlantische Hellsichtigkeit für spätere Zeiten zu bewahren. Denn daß er aus einem tiefen Brunnen ursprünglicher Geist-Erlebnisse zu schöpfen vermochte, dies können schon ein paar wenige Seiten seiner bedeutendsten Werke lehren.

10. INNERE VERBINDUNG ZWISCHEN DEM «KLEINEN» UND DEM «GROSSEN» WESTEN

Wir haben gesehen, wie die Bewahrung atlantischer Hellsichtigkeit einerseits mit den hybernischen Mysterien aufs engste verknüpft war, andererseits aber auch mit den bis in die Neuzeit fortwirkenden Tao-Impulsen innerhalb der Saturn-Rasse Nordamerikas. Schon allein diese, wenn auch in ganz verschiedener Art gelöste gemeinsame Aufgabe deutet auf einen tiefen inneren Zusammenhang zwischen den beiden Westen hin.

Bis in die ersten christlichen Jahrhunderte hinein fuhren nach Rudolf Steiners spiritueller Geschichtsforschung[28] vom Norden und Westen Europas, in der Hauptsache von Norwegen, aber auch von Irland aus, routinemäßig Schiffe nach dem noch «unentdeckten» Amerika hinüber. Noch heute künden archäologische Funde von diesen frühen Westfahrten, so etwa die alten irischen Glocken, die in Labrador gefunden wurden. Durch einen regen Schiffsverkehr reichten sich die einstigen Randzonen der versunkenen Atlantis durch lange Zeiten hindurch die Hände. Dies vollzog sich im Zusammenhang mit einem ganz besonderen Ziele einer noch mit Hellsichtigkeitskräften arbeitenden alten

Wissenschaft: Die West- und Nordeuropäer studierten bei ihren Amerikabesuchen bestimmte Krankheits- und Therapieformen, die innerhalb der Saturn-Rasse auftraten respektive entwickelt wurden. Es waren dies Krankheitsformen, die mit den auf der westlichen Halbkugel viel stärker wirkenden unterirdischen elektrisch-magnetischen Kräften zusammenhingen. In diesen, der offiziellen Geschichtsschreibung gänzlich unbekannten «Studienreisen» vom kleinen Westen in den großen Westen haben wir nach einem Hinweis Rudolf Steiners[28] den eigentlichen Ursprung der ganzen späteren europäischen Mysterienmedizin zu sehen. Ein gewisser Teil des kleinen Westens stand damit bis in die ersten christlichen Jahrhunderte hinein mit ganz bestimmten Impulsen des großen Westens in Verbindung.

Wer hat diese «Studienreisen» inspiriert oder organisiert? Denn die Annahme, daß es sich sozusagen um improvisierte Abenteuerfahrten gehandelt hätte, verbietet sich schon allein durch den zielgerichteten Charakter dieser Reisen.

Standen diese Reisen vielleicht in einem Zusammenhang mit den hybernischen Mysterienvorgängen und mit der maßgeblichen Eingeweihtengestalt dieser Mysterien? Verschiedene Indizien deuten darauf hin, daß das tatsächlich der Fall gewesen sein muß, auch wenn dies weder von der äußeren Geschichtsforschung bestätigt werden kann noch eine diesbezügliche Äußerung Rudolf Steiners vorliegt.

An den innerhalb der Saturn-Rasse auftretenden, bis in den physischen Leib hineinwirkenden eigentümlichen Krankheitskräften, sowie durch die Bemühung, die entsprechenden Heilprozesse kennenzulernen, konnte auch eine tiefe Einsicht in die gesunde Natur des physischen Leibes gewonnen werden; ja eine solche Einsicht mußte der Entwicklung spezifischer Heilmethoden sogar vorangehen. Gerade die tiefere Einsicht in die physische Menschennatur und damit auch in das Wesen der physischen Gesundheitskräfte stellt aber gewissermaßen das besondere «Lehrgut» von Skythianos dar. Wie sehr auch innerhalb der hybernischen Mysterien gewisse Vorgänge im physischen Organismus des Menschen gewissermaßen zum Ausgangspunkt weitreichender Initiationserkenntnisse wurden, haben wir in einem früheren Kapitel angedeutet.

So kann sich aus dem bisher Dargestellten ergeben, daß auch die tieferen Intentionen jener alten Amerikabesuche mit dem Wirken von Skythianos in einem Zusammenhang gestanden haben *müssen*. Ja, auch mit dem zeitlich viel länger anhaltenden Fortwirken atlantischer Hellsichtigkeit im großen Westen scheint dieser Eingeweihte zusammenzuhängen. Denn als die hybernischen Mysterien in den ersten christlichen Jahrhunderten ihre Pforten schlossen, wird für viele folgende Jahrhunderte der große Westen der wichtige Schauplatz, auf welchem alte atlantische Hellsichtigkeit für spätere Zeiten bewahrt wurde.

Rudolf Steiner sprach einmal zu Friedrich Rittel-
meyer davon, daß Skythianos zwischen sechs anderen «Meistern» «wandere»: «Er halte die Verbindung: zwei im Osten, zwei im Westen, Meister
Jesus und Christian Rosenkreuz in der Mitte.»[29] Aus
dieser Äußerung können wir im weiteren Zusammenhang entnehmen, daß Skythianos zu bestimmten Zeiten auch im großen Westen, sozusagen an
Ort und Stelle für die Bewahrung atlantischer Hellsichtigkeit gesorgt haben wird; denn sie weist uns
darauf hin, daß das Wirkensfeld gerade dieses Eingeweihten gewissermaßen «globaler» Art ist. Daß er
daneben auch in der zunächst für den europäischen
Westen begründeten Rosenkreuzerströmung maßgeblich wirkte, wurde bereits dargestellt.[30]

Fassen wir nun noch einmal die Gestalt D. N. Dunlops ins Auge, denn er ist zweifellos in den Umkreis jener Persönlichkeiten des Westens zu rechnen, die unter der Lenkung von Skythianos atlantische Hellsichtigkeit zu bewahren hatten und haben. Können wir, abgesehen von den bereits angeführten Hinweisen Ita Wegmans, E. C. Merrys und Rudolf Steiners auf Dunlops Zusammenhang mit der Tao-Geistigkeit, in seinem Leben selbst solche Hinweise finden? Sie lassen sich in der Tat finden, wenn man seine Schriften und Aufsätze einmal von diesem Gesichtspunkt aus betrachtet.

Wenige Monate vor Kriegsausbruch bringt Dunlop in der von ihm herausgegebenen Zeitschrift *The Path* unter der anspruchslosen Rubrik «Editorial Notes» ein Ostererlebnis zur Darstellung, das in bezug auf die Erlebnisform, die sich in ihm ausspricht, durchaus als modernes Tao-Erlebnis bezeichnet werden kann.[31] Diese bemerkenswerten «Editorial Notes» haben den folgenden Wortlaut:

«Wie gut, daß mich diese wunderbaren Frühlingstage auf der ‹Insel Avalon› finden, die mit den Legenden von König Artus und dem Heiligen Gral

verknüpft ist. In solchen Augenblicken der Ent-
spannung wird man sich nicht so schnell einer Sorge
hingeben; die Sonne wird zu einem Quell des Verstehens; die Erhabenheit des göttlichen Intellektes
breitet sich über alle Dinge; und inmitten einer der-
artigen Umgebung kann sich jener tranceähnliche
Yoga-Zustand, in welchem die Natur schweigend
ihr Werk vollzieht, viel leichter offenbaren. Die
sichtbare Welt, die sich in solcher Pracht zeigt, erscheint als Offenbarung des einen Gotteswesens;
alle metaphysischen Erwägungen schmelzen dahin;
jede einzelne schöne Erscheinung ist ein Juwel, der
vom Gold der Sonne verwandelt wird.

***

Kann ich da anders, als mich der Nachdenklich-
keit hinzugeben? Was sind wertvolle, was sind
schuldvolle Handlungen für mich, was die Ergebnisse von Gut und Böse? Ich tilge sie vollständig aus
dem Bewußtsein. Ich wende den Blick den Bäumen
zu; erkenne, daß auch mein Leib ein Baum ist, der
seine Jahreszeiten hat, der sich von Säften nährt
und von Wünschen gehegt wird. Auch dieser Baum
hat seine Äste. Ist nicht der Geist der Stamm, die
Seele die Wurzel des Geistes und die Wurzel von
diesen beiden der eine große Urgrund von allem?
Sind nicht alle Handlungen fruchtlos, die nicht
vom Wunsch befeuchtet werden? Dieser Garten, in
dem ich sitze, ist das Heim der Geistesruhe, und in

solcher Verfassung betrachte ich das Fest des Lebens. Im lärmigen Leben der Städte der Welt sammeln die Menschen unruhigen Geistes wertlose Schätze, mit dem gleichen Vergnügen, mit welchem ich diese duftenden Frühlingsblüten sammle, um im heiligen Schrein meines Herzens der Gottheit meine Opfergabe darzubringen.

Ich glaube, nun verstehe ich, was der Nirwana-Zustand ist (ich werde es zweifellos bald wieder vergessen haben). Indem ich allen abgesonderten Besitz begraben habe, ist mir in Wahrheit nichts verloren gegangen. Ist es ein ‹Leerraum›, in welchem ich so ruhig sitze? Wenn ja, so wird er zum Gefäß für alle Erkenntnis. Wie geschützt und sicher weiß sich die Seele in einem solchen Hafen der Ruhe! Fallen die gesonderten Formen mit ihren verschiedenen Namen meinem Vergessen anheim, so zeigt sich dem inneren Blick die *Substanz*, aus der sie alle entstanden sind. Sobald die Schatten, von all diesen einzelnen Formen geworfen, dem Kreis meines Bewußtseins entschwinden, tritt Stille des Geistes ein, wird der Spiegel der Seele rein, wird das Firmament klar, scheint die Sonne der Wahrheit. Diese kleinen Hügel, diese Bäume und Pflanzen, diese Gewässer und der Duft der Blüten: aus der Essenz solchen glückhaften Geistes erstehen sie alle. Umspannt diese Geistes-Essenz, gleich wie das Licht des Tages, alle Dinge und enthält sie alle Welten? Ja, nun erkenne ich, daß alle diese wundervollen Naturerscheinungen in mir selbst keimen, daß diese zahllosen Welten der sichtbare Ausdruck meiner Selbst sind. Die Sphäre des Weltalls ist meine eigene Sphäre. Ich schaue mich in allen Dingen und bleibe im Frieden. Der Schmetterling tanzt vor mir im Sonnenlicht, während ich unter dem Schatten des Baumes im Innern erleuchtet werde. Ich erkenne, daß das höchste Wesen, wo immer es weilt, von diesen wunderbaren und mannigfaltigen Welten begleitet ist. In jedem Dinge ist es gegenwärtig – in der bewohnbaren Erde wie im Wasser – alle meine Worte können von seinem wahren Wesen nur eine irrige Vorstellung hervorrufen.

***

Draußen vor meinem Garten des Friedens herrscht Drangsal. Soll ich mich dadurch ebenfalls bedrängen lassen? Wird meine Seele inmitten der reißenden Wasser des Lebens das Wesen ihres Urbilds in sich bewahren können, dem Lotus ähnlich, der fest verwurzelt bleibt, mitten im See, auch wenn seine Wasser noch so stürmisch werden? Jawohl, sofern ich in diesem Bewußtseinszustand verwurzelt bleiben kann. Das menschliche Herz ist zarter Natur; nur allzu leicht wird es vom Geflecht der Gefühle bedrängt; bald fließt es in Liebe dahin, bald murmelt es leise in Sorge. Doch der «Äther» im Herzen verändert sich nicht: er ist die unermeßliche Wirklichkeit, die von keiner Säule gestützt zu werden braucht. War es nicht der Gott Indra, der, von seinen Feinden verfolgt, den Moment benützte, als sie ihn aus dem Auge verloren, und im Schoß eines Atomes verschwand wie die Biene im Kelch einer Blüte? Hier fand er augenblickliche Ruhe, entdeckte den Königspalast, aus dem er geflohen war, und herrschte über sein Reich der Imagination. Auch dem sorgenschwersten Herzen werden hin und wieder Atempausen gewährt, und weise ist, wer in solchen Momenten das nötige Atom im Sonnenstrahl findet, das sich als Eingang zum Frieden und zum Palaste des Himmels erweist.

***

Draußen kehren die Menschen aus der Kirche zurück, wo zweifellos das Osterfest gefeiert worden ist. Haben auch sie, so frage ich mich, das Fest der Auferstehung erlebt, wie ich es unter dem Baum in dem Garten erlebte? Haben sie gesehen, wie der Christus seine Hände über die ganze Schöpfung breitet? Wie seine Füße bis ans Ende der Welt reichen, sein Gesicht und seine Augen überall zu finden sind, wie sein Haupt alle Sphären durchdringt? Haben sie den Herrn erlebt, wie er in allen Dingen ein- und ausgeht; den einen Weltenozean; den einen in Sonne und Mond, das eine Land auf der ganzen Erde? Wie begrenzt meine Schau auch sein mag: er wohnt in aller Menschensitte und in allem

Menschendenken, in den Teilen des Atoms wie im umfassenden Weltall. Tausende von Christus-Bildern sind vorbeigezogen und ziehen noch immer vorbei; doch alle diese Bilder verschwinden, wenn der Christus in allem geschaut wird. Ist nicht der grenzenlose Himmel seine Krone? Die Erde sein Schemel? Das ganze Weltall sein Tempel?

***

Eine Glocke läutet, und ich verlasse den Garten; doch zuvor sende ich Botschaften und Geschenke an die weit verstreuten Kinder des Reiches des Geistes, die von Zeit zu Zeit diese mystische Schau mit mir geteilt haben. Kommen uns nicht aus solchen Schau-Erlebnissen die Kräfte zur Erfüllung unserer verschiedenen Geschicke? Der größte Fleck der Erde ist der kleine Hügel der inneren Schau. Wie armselig sind die hängenden Gärten von Babylon dagegen! Dies ist der ewig-währende, ewig-grünende Hügel mit den währenden Wassern, an denen die Mutter ihre Nachkommen aufzieht: die heroischen Kinder. Vielleicht bereitet heute, an einem stillen Fleck wie diesem, in aller Ruhe der gute Engel[32] der Menschheit die künftigen Retter der Welt. Seid heiterer Stimmung, ihr alle, die ihr eine Weile in Einsamkeit lebt.»

***

67

Mehrere Schichten können in diesem zweifellos ziemlich frei gehaltenen Erlebnisbericht, in dem auch manches bewußt unausgesprochen zu bleiben scheint, unterschieden werden. Beschränken wir uns zunächst auf den Versuch, die Tao-Schicht in aphoristischer Weise herauszuheben.

«Die Sonne wird zu einem Quell des Verstehens; die Erhabenheit des göttlichen Intellektes breitet sich über alle Dinge.» Ähnlich verehrungsvoll blickte auch der alte Atlantier zum Großen Geist der Sonne auf. Auch ihm war «die sichtbare Welt, die sich in solcher Pracht zeigt», eine «Offenbarung des einen Gotteswesens» – des großen Tao-Geistes.

Dann zeigt sich der Leib dem Baum, der Geist dem Stamm und die Seele der Wurzel verwandt. Als gottgeschaffen erlebt sich der Schauende, denn die «Wurzel von diesen beiden» (Geist und Seele) ist wiederum «der eine große Urgrund von allem».

«Ja, nun erkenne ich, daß alle diese wundervollen Naturerscheinungen in mir selbst keimen, daß die zahllosen Welten der sichtbare Ausdruck meiner selbst sind.» Was für ein «Selbst» spricht hier, das in solcher Art die umfassende Einheit von allem Innen und allem Außen erlebt? Das sagen kann: «Die Sphäre des Weltalls ist meine eigene Sphäre.» So kann niemals das ‹egoistische› Selbst sprechen, so kann nur ein Selbst sprechen, das sich über den Dualismus von Innen und Außen, Geist und Materie in konkreter Weise zu erheben in der Lage ist.

«Ich erkenne, daß das höchste Wesen, wo immer

es weilt, von diesen wunderbaren und mannigfaltigen Welten begleitet ist. In jedem Dinge ist es gegenwärtig ...» Im Rauschen des Windes, im Wogen des Wassers usw.: überall tönte dem Atlantier das Tao entgegen.

«Ich schaue mich in allen Dingen und bleibe in Frieden»: Wie eine Geistessonne erscheint hier das Ich, das alles bestrahlt und in allem sich selber erkennt. «Tat vam asi» hätte der alte Inder gesagt. Und im «Äther des Herzens» sorgt dieses sonnenhafte Ich für Geistesruhe. Denn zum Herzen gehört es, das durch und durch Sonnenverwandte, das von den Geistern der Sonne einst entzündet wurde ...

Ist solche Erlebnisart gewissermaßen das alleinige Privileg bestimmter Individualitäten, die in ihrem Gang durch verschiedene Inkarnationen in besonderer Weise mit dem Bewahren alten Tao-Erlebens verbunden sind, so daß sie dieses Erleben, wenn auch in modifizierter Form, in die Moderne hinübertragen können? Und der Rest der Menschheit bliebe von solcher Erlebnisform doch endgültig abgeschnitten?

Im allgemeinen lebt ja der moderne Mensch, wie wir am Anfang dieser Schrift festgestellt haben, abgesehen von der kurzen Phase der frühen Kindheit, nicht mehr in Einheit mit der Natur. Das scharf ausgeprägte Gegenstandsbewußtsein läßt ihn allen Dingen als selbstbewußtes Ich *gegenüber*treten. *In* diesem Selbst oder Ich wird nicht mehr Welt erlebt; denn seine einstmals reiche Inhaltsfülle (Weltfülle) mußte gleichsam auf einen inneren Punkt zusammenschrumpfen, dem die Welt nun als eine *äußerliche* gegenübergestellt ist. Die Ich/Welt-*Spaltung* ist das Hauptkennzeichen der modernen alltäglichen Bewußtseinsform. Auf diesen Tatbestand hat Rudolf Steiner im zweiten Kapitel seiner *Philosophie der Freiheit* in aller Deutlichkeit hingewiesen, und wir haben seine Charakterisierung dieser modernen Bewußtseinstatsache zu Beginn unserer Betrachtung angeführt. Dabei haben wir auch darauf hingewiesen, daß sich dieser Bewußtseinsdualismus jedoch nicht auf den *ganzen* Menschen erstreckt und also nicht verabsolutiert werden darf; widerspricht doch das gesunde *Gefühl* auch eines modernen Menschen dem scharfen Dualismus von Ich und Welt, wie ihn das helle Tagesbewußtsein zunächst konstatieren muß.

Eine Individualität, die gerade diesem Gefühle ein besonders geschärftes Gehör verleihen konnte und die es vermochte, neben aller Kultivierung der Fähigkeiten des hellen Tagesbewußtseins der Sprache solchen Gefühls in ihrem Schaffen besonderen Ausdruck zu verleihen, haben wir in Goethe zu sehen. Außerordentlich aufschlußreich und für unseren Zusammenhang höchst bedeutungsvoll ist es, daß Rudolf Steiner den bekannten Goetheschen Hymnus an die Natur, aus welchem wir am Eingang unserer Betrachtungen einen essentiellen Satz zitiert haben, einmal in der folgenden Weise charakterisiert hat: *«Goethe hat die Tao-Empfindung nachgefühlt in den Worten, die er an die Natur richtete in dem ‹Hymnus an die Natur›.»*[33]

Das Grundgefühl der Einheit zwischen Mensch und Natur, das alle Trennung nur als ein Schicht-Phänomen gelten läßt – dies war gewissermaßen die Seelenluft, die Goethes Schaffen inspirierte. Leicht wäre dies anhand von zahlreichen Stellen seiner Werke nachzuweisen. So sei zum Beispiel an jene

von Rudolf Steiner oftmals zitierte Passage aus
Goethes Nachruf auf Winckelmann erinnert:
«Wenn die gesunde Natur des Menschen als ein
Ganzes wirkt, wenn er sich in der Welt als in einem
großen, schönen, würdigen und werten Ganzen
fühlt, wenn das harmonische Behagen ihm ein
freies Entzücken gewährt – dann würde das Weltall,
wenn es sich selbst empfinden könnte, als an sein
Ziel gelangt aufjauchzen und den Gipfel des eigenen Werdens und Wesens bewundern. Denn wozu
dient alle der Aufwand von Sonnen und Planeten
und Monden, von Sternen und Milchstraßen, von
Kometen und Nebelflecken, von gewordenen und
werdenden Welten, wenn sich nicht zuletzt ein
glücklicher Mensch unbewußt seines Daseins erfreut?»

Oder denken wir an jenes Zwiegespräch des Faust
mit der Natur, nachdem sein in tiefen Schlaf er-
starrtes Gefühl des lebendigen Einsseins mit der
Welt durch die Begegnung mit Gretchen erneut in
ihm geweckt worden war:

«Erhabner Geist, du gabst mir, gabst mir alles,
warum ich bat. Du hast mir nicht umsonst
dein Angesicht im Feuer zugewendet.
Gabst mir die herrliche Natur zum Königreich,
Kraft, sie zu fühlen, zu genießen. Nicht
kalt staunenden Besuch erlaubst du nur,
vergönnest mir, in ihre tiefe Brust,
wie in den Busen eines Freunds zu schauen.

Du führst die Reihe der Lebendigen
vor mir vorbei und lehrst mich meine Brüder
im stillen Busch, in Luft und Wasser kennen.»

Als einen solchen «glücklichen Menschen», dem
alle Naturerscheinungen zu Freundesgesten eines
erhabenen Geistes werden, mit dem er sich in seinem tiefsten Selbst eins fühlt, haben wir im letzten
Kapitel auch D. N. Dunlop kennengelernt. Und
auf den Wegen solcher Gefühlsvertiefung wan-
delnd, kann auch ein moderner Mensch die Empfindung ausbilden, vom Wirken des erhabenen
Geistes umfangen zu sein.

Zur Kultivierung einer solchen modernen Tao-
Empfindung gibt es eine geradezu klassische Tao-
Betrachtung, wie aus den folgenden Worten Rudolf
Steiners zu entnehmen ist: «Die Weisheit der Atlantis verkörpert sich im Wasser, im Tautropfen. *Tau,
unser deutsches Wort Tau, ist nichts anderes als
jener alte atlantische Laut.* So wollen wir mit Ehrfurcht und Andacht jedes Tautröpfchen betrachten,
das am Grashalm blinkt, als heiliges Vermächtnis
jener Zeit, wo das Band zwischen Menschen und
Göttern noch nicht zerrissen war.»[34]

So kann die Betrachtung des Tautropfens zum lebendigen Inbegriff aller Naturbetrachtung werden,
die von Tao-Empfindung durchzogen ist. Gesundes
Fühlen kann auch heute dieser Empfindung entge-
genstreben.

Auch für das gesunde Empfinden von musikalischen Tonfolgen und (eurythmischen) Bewegungen hat Rudolf Steiner eine Art klassische «Tao-Meditation» hinterlassen.[35] Seiner Angabe gemäß entspricht der Lautfolge TAO die Tonfolge H, A, E, D, wobei H und A dem T entsprechen und zusammen erklingen müssen.[36] Wer diese absteigende Tonfolge durchempfindet und sein Empfinden in die entsprechenden eurythmischen Gesten einfließen läßt, der gewinnt «in dem Tao ein wunderbares Mittel ..., die innere Leiblichkeit geschmeidig, innerlich biegsam, künstlerisch gestaltbar für die Eurythmie zu machen, weil ... das eine innere Kraft gibt», die sich «auf alles Eurythmisieren übertragen» läßt.

Erklang dem alten Atlantier im Tao vornehmlich das Ich, das, von den Geistern der Form gespendet, auch die Hülle des physischen Leibes gestaltend durchdringt, so kann die eurythmische Tao-Meditation gerade die formenden Ich-Kräfte wachrufen, denn sie sind es, die die «Leiblichkeit geschmeidig ... biegsam und gestaltbar ... machen».

13. DIE *PHILOSOPHIE DER FREIHEIT* ALS WEG ZUM ZEITGEMÄSSEN TAO-ERLEBEN

Selbst innerhalb des Tao-Empfindens erfreut sich der «glückliche Mensch» nach Goethes eigenem Wort nur «unbewußt» seines Daseins. Wenn dies sicherlich nicht ganz wörtlich aufzufassen ist, so ist damit doch auf die wichtige Tatsache gedeutet, daß alle Gefühle und Empfindungen des Menschen – einschließlich der Tao-Empfindung des umfassenden Einsseins von Mensch und Welt – verglichen mit dem Bewußtseinsgrad des Wahrnehmens und des Vorstellens relativ unbewußt sind, das heißt mit einem geringeren Bewußtseinsgrad auftreten. Daraus ergibt sich die Frage: läßt sich auch ein Tao-Erleben kultivieren, das denselben Bewußtseinsgrad hat (oder vielleicht sogar einen noch höheren) wie das in Wahrnehmungen und Vorstellungen lebende Tagesbewußtsein? Die Frage läßt sich zuspitzen: wie verhält sich die Tao-Empfindung *zum Denken*, in welchem der heutige Mensch *die allergrößte Bewußtseinswachheit* erleben kann? Aus wessen Fühlen nicht mehr mit einer gewissen naiv-instinktiven Sicherheit das Tao-Empfinden hervorsprießen kann – und das dürfte heute bei zahlreichen Zeitgenossen nicht mehr ohne weiteres der Fall sein –, für den kann die obige Frage zum Ausgangspunkt eines *vollbewußten* Tao-Erlebens werden.

Einen solchen zeitgemäßen Übergang von der bewußtseinsdumpferen Tao-Empfindung zu einem vollbewußten Tao-Erleben hatte Rudolf Steiner im Auge, als er im Anschluß an seine Charakterisierung des Goetheschen Tao-Empfindens die Forderung ausspricht: «Dieser Empfindungsinhalt muß herausgehoben werden ins volle, helle Tagesbewußtsein.»[33] In seiner rund zehn Jahre vorher erschienenen *Philosophie der Freiheit* hatte Rudolf Steiner diese seine eigene Forderung bereits erfüllt. In klarster Weise zeigt er den «Punkt» innerhalb des modernen Tagesbewußtseins auf, an welchem sich dieser Übergang zum vollbewußten Tao-Erleben vollziehen kann.

Wer sich lange Zeit der Natur entfremdet hat und sich in scharfem Gegensatz zu ihr erlebt, wird über kurz oder lang von der Sehnsucht ergriffen werden, den verlorengegangenen Zusammenhang wieder zu finden. «Zurück zur Natur» hatte einst Rousseau ausgerufen und mit diesem Worte der mächtigen Sehnsucht einer aufklärungskranken Epoche Ausdruck verliehen. Doch die Natur, von welcher Rousseau und seine Nachfolger träumten, ist nur die *Außenseite* der wahren Natur; denn ihrem Wesen nach ist sie geistiger Art – für jeden Atlantier eine selbstverständliche Erlebnistatsache.

«Wir haben uns zwar losgerissen von der Natur; aber wir müssen doch etwas mit herübergenommen haben *in unser eigenes* Wesen», setzt Rudolf Steiner Rousseau entgegen. «Dieses *Naturwesen in uns* müssen wir aufsuchen, dann werden wir den Zusammenhang auch wieder finden.» Damit kann nicht etwa die nur materielle Seite unseres Leibes gemeint sein, denn dieser grenzt uns von der übrigen «Natur» gerade ab. Vielmehr muß uns «das ihr Gleiche in unserem eigenen Innern der Führer sein».

Keine Rousseausche Zuwendung zur *äußeren* Natur also, sondern die Erforschung unseres eigenen Wesens kann uns das «Naturwesen in uns» finden lassen: «Wir wollen hinuntersteigen in die Tiefen unseres eigenen Wesens, um da jene Elemente zu finden, die wir herübergerettet haben bei unserer Flucht aus der Natur.»[2]

Diese «Elemente» oder dieses innere «Naturwesen» müssen nun per se eine ganz bestimmte Doppeleigenschaft haben, wenn sie zum Ausgangspunkt modernen Tao-Erlebens werden sollen: sie müssen Inneres wie Äußeres gleichermaßen umspannen, sich also gewissermaßen jenseits von nur Subjektivem oder nur Objektivem befinden. Diese notwendige Doppeleigenschaft des inneren «Naturwesens» charakterisiert die *Philosophie der Freiheit* folgendermaßen: «Wir müssen an einen Punkt kommen» – und zwar in voller Bewußtheit –, «wo wir uns sagen können: Hier sind wir nicht mehr bloß ‹Ich›» – und als solches «bloßes» Ich immer in scharfem Gegensatz zur «bloßen» Welt –, «hier liegt etwas, was mehr als ‹Ich› ist.»[2]

77

Das ganze dritte Kapitel der *Philosophie der Freiheit* ist von einem gewissen Gesichtspunkt aus betrachtet nichts anderes als die exakte Bestimmung dieses «Punktes». Und es ist wichtig, zu erfassen, daß das Wesen dieses merkwürdigen «Punktes», der nach Rudolf Steiners eigener Charakterisierung ja nichts Geringeres zu leisten hat, als Inneres und Äußeres realiter zu umspannen und damit über den für das gewöhnliche Bewußtsein geltenden Dualismus von Innen und Außen hinauszuführen, in diesem Kapitel wirklich in klarster Weise bestimmt wird. *Denn als das Wesen dieses «Punktes» oder dieses «Naturwesens in uns» entpuppt sich nichts anderes als das Denken mit seinen zwei Grundseiten Akt und Inhalt.*

Der Denk*akt* ist in gewissem Sinne «bloß Ich», das heißt eine Tätigkeit, die weder vom physischen Leibe noch von der Sphäre der Erinnerungen oder Gefühle, noch von jener der bereits gebildeten Vorstellungen und Begriffe ausgehen kann, sondern einzig und allein von dem Ich, das die Wahrheit sucht. Mit dem Allersubjektivsten (Willenstätigkeit des Ich) haben wir es hier zu tun; allerdings kann es nicht die Subjektivität des Egos sein, die im Denkakt wirkt, sondern allein dasjenige, was man reines Denk-Ich nennen kann und für welches kein anderes Bestreben maßgeblich ist als das Bestreben, reine Begriffe zur Erscheinung zu bringen.

Diese Begriffe oder Denk*inhalte* andererseits haben wir ihrem Inhalte nach als von uns selbst unab-

hängige und durch sich selbst bestimmte anzu-
sehen. Wir bringen sie in unserem individuellen
Bewußtsein nur zur Erscheinung. Kein Mensch
kann einen Begriffsinhalt «erfinden», «selbst
machen» oder seinem Inhalte nach verändern.

Ebensowenig wie die Begriffs- und Ideeninhalte
von jemandem «gemacht» werden können und wir
sie vielmehr in der Geistschicht der Welt vorfinden
und durch das geistige Wahrnehmungsorgan des
Denkens in aktiver Weise erfassen können, ebensowenig kann irgend etwas anderes als das reine Ich
des Menschen die Denktätigkeit bewirken. Die
Denkinhalte sind jene «Elemente», die wir «bei unserer Flucht aus der Natur herübergerettet haben»;
das «Naturwesen in uns» ist die Fähigkeit, solche
Inhalte in unserem Bewußtsein zur Erscheinung zu
bringen. Insofern die subjektive Denktätigkeit zu
objektiven Denkinhalten führt, kann wirklich vom
«Tao-Punkt» des Denkens gesagt werden: «Hier sind
wir nicht mehr bloß ‹Ich›, hier liegt etwas, was mehr
als ‹Ich› ist.»

***

Die reinen Begriffsinhalte als die «Elemente»,
die wir bei unserer Flucht aus der Natur «gerettet»
haben, sind ihrem Wesen nach vollkommen übersinnlicher Natur. Dies kann nicht in vollem Umfang
von den sinnlichkeitserfüllten *Vorstellungen* gesagt
werden, die Rudolf Steiner als «individualisierte Begriffe» bezeichnet.

Jede Theorie, die zu erweisen sucht, daß die allgemeinen reinen Denkinhalte – also zum Beispiel der allgemeine Begriff «Dreieck», im Gegensatz zur Vorstellung eines ganz bestimmten, «vorstellbaren» und veranschaulichbaren Dreiecks – über allerhand Umwege letztlich immer aus der Sinneswelt herrühren und aus dieser abstrahierbar seien, sägt sich selbst den Ast ab, auf dem sie zu ruhen meint. Denn aus welchen Phänomenen oder Vorgängen der Sinneswelt sollte zum Beispiel der Begriff des Abstrahierens selbst abstrahierbar sein? Diese übersinnliche Natur aller allgemeinen Denkinhalte aufzuzeigen, war eines der Hauptanliegen von Rudolf Steiners grundlegenden Schriften.

Entsprechend der nichtsinnlichen Natur der allgemeinen Denkinhalte oder der geistigen Natur-«Elemente», wie wir sie auch nennen können, erweist sich das «Naturwesen in uns» als eine Fähigkeit der *Hellsichtigkeit,* sofern wir mit diesem Ausdruck zunächst ganz allgemein jedes Wahrnehmungsvermögen für nichtsinnliche oder übersinnliche Weltinhalte bezeichnen. Rudolf Steiner sprach einmal geradezu von der «Perle» dieser Hellsichtigkeit, die in den alltäglichen wie wissenschaftlichen Verrichtungen des Denkens offen daliegt und doch zumeist übersehen wird, da man sich unter «Hellsehen» gemeinhin ganz andere, viel Spezielleres beinhaltende «Vorstellungen» macht. Womit jeder diese kostbare Perle übersehende moderne Mensch von Rudolf Steiner verglichen wird, möge dem Leser nicht vorenthalten werden:

«Verzeihen Sie einen etwas groben Vergleich. Wenn eine Perle am Wege liegt, und ein Huhn findet sie, so schätzt das Huhn die Perle nicht besonders. Solche Hühner sind die modernen Menschen zumeist. Sie schätzen die Perle, die ganz offen daliegt, gar nicht . . ., sie schätzen etwas ganz anderes, sie schätzen nämlich ihre Vorstellungen.

Niemand könnte abstrakt *denken*, wirkliche Gedanken und Ideen haben» – die also nicht mit den sinnlichkeitserfüllten Vorstellungen zu verwechseln sind –, «wenn er nicht hellsichtig wäre, denn in den gewöhnlichen Gedanken und Ideen ist die Perle der Hellsichtigkeit von allem Anfange an. Diese Gedanken und Ideen entstehen genau durch denselben Prozeß der Seele, durch den die höchsten Kräfte entstehen. Und es ist ungeheuer wichtig, daß man zunächst verstehen lernt, daß *der Anfang der Hellsichtigkeit* etwas ganz Alltägliches eigentlich ist: man muß nur die übersinnliche Natur der Begriffe und Ideen erfassen. Man muß sich klar sein, daß aus den übersinnlichen Welten die Begriffe und Ideen zu uns kommen, dann erst sieht man recht. Wenn ich Ihnen erzähle von Geistern der höheren Hierarchien, von den Seraphim, Cherubim, von den Thronen herunter bis zu den Archangeloi und Angeloi, so sind das Wesenheiten, die aus geistigen, höheren Welten zu der Menschenseele sprechen müssen. Aus eben diesen Welten kommen der Seele die Ideen und Begriffe, sie kommen geradezu in die Seele aus höheren Welten herein und nicht aus der

Sinnenwelt.»[37] Und Rudolf Steiner fügt hinzu: «Das, was ich jetzt ausgesprochen habe, habe ich schon vor vielen Jahren ausgesprochen in aller Öffentlichkeit, nämlich in meinen Büchern *Wahrheit und Wissenschaft* und *Philosophie der Freiheit*, wo ich gezeigt habe, daß die menschlichen Ideen aus übersinnlichem, geistigem Erkennen kommen.»

Wer diesen Sachverhalt durchschaut, wird nicht in Versuchung geraten, das sogenannte abstrakte Denken dem hellsichtigen Schauen gegenüberzustellen, jenes in seiner wahren Bedeutung zu verkennen, von diesem aber für seine geistige Entwicklung möglicherweise wesentlich mehr zu erhoffen. Durch nichts läßt sich «die Scheu vor dem sogenannten Abstrakten»[38] vielleicht radikaler überwinden als durch die Einsicht, daß bereits in jedem sinnlichkeitsfreien Gedanken die Perle der Hellsichtigkeit glitzert wie der Tautropfen am Grashalm.

***

Wie das doppelgesichtige Tau-Kreuz auf Irland, so trägt auch diese oft mißachtete Perle ein Doppelantlitz: sie ist das Endprodukt einer langen Vergangenheitsentwicklung und zugleich der Ausgangspunkt einer langen Zukunftsentwicklung des menschlichen Bewußtseins. «Die Menschen der Vorzeit», so Rudolf Steiner in einem Silvestervortrag des Jahres 1919, «haben das atavistische Hellsehen gehabt, und was als die letzte Erbschaft des atavistischen Hellsehens geblieben ist, das ist das abstrakte Nachdenken, das abstrakte Wissen der Menschen der Gegenwart ... *Aber mit dem, was das Ende gebildet hat bei der Entwickelung der Menschheit von Urzeiten bis in die Gegenwart hinein, mit dem muß jetzt der Anfang gemacht werden.*»[59]

***

Die erste nachatlantische Epoche, von Rudolf Steiner als urindische bezeichnet, hatte die Aufgabe, den Übergang zu vollziehen von der Evolution des im weiteren Sinne hellsichtigen Schauens zur Evolution des Denkens. Kosmologisch gesehen, stand die urindische Epoche im Zeichen des Krebses. Das bekannte astronomische Krebs-Symbol ⊙⊙ kann diesen Übergang vom involvierenden Schauen zum evolvierenden Denken in deutlicher Weise veranschaulichen.

In dem voll ausgebildeten Denken ruht also, in involvierter Form, immer noch, man könnte sagen: die Tau-Perle der Hellsichtigkeit. Seit dem Ablauf des Kali Yuga, des von den alten Indern prophezeiten «finsteren Zeitalters» im Jahre 1899, steht über der Bewußtseinsentwicklung der Menschheit unter neuen Vorzeichen wiederum das Zielwort «Evolution des Schauens», und ein neues Aufklärungswort hat Rudolf Steiner für den Anbruch dieses «lichten»

Zeitalters auf das berühmte Kantische Diktum folgen lassen: «‹Mensch, erkühne dich, deiner Vernunft dich zu bedienen.› Heute muß ein größeres Wort in die Seelen klingen, das heißt: *Mensch, erkühne dich, deine Begriffe und Ideen als die Anfänge deines Hellsehertums anzusprechen.*»[37]

Inmitten eines neuen Krebs-Wirbels steht damit die Bewußtseinsentwicklung der Menschheit an diesem «Weltsilvestertag», an welchem sich innerhalb des abstrakten Denkens altes und neues künftiges Schauen verschlingen und die Hände reichen können. Und es sollte aus dem Bisherigen deutlich geworden sein, daß jedes heutige oder künftige Hellsehen, das in konkrete übersinnliche Wesensgebiete Eingang sucht, auf dem Ideen-Hellsehen beruhen und von diesem begleitet bleiben muß. *Denn nur dieses allein vermag die Ergebnisse alles übrigen Hellsehens in wahrer, das heißt ideengemässer Form zu interpretieren.* Wie das einstige Schauen in dem Denken fortlebte, so muß das denkende Schauen in allem weiteren Schauen der Zukunft fortleben.[39]

***

So haben wir in der hellsichtigen Tätigkeit des Denkens, die zum essentiellen Geistgehalt der Welt führt[40], die zeitgemäße Fortsetzung des alten atlantischen wie auch des empfindungshaften, mehr passiven Tao-Erlebens zu sehen, wie es uns zum Beispiel bei Goethe im Nachklang entgegentritt. Denn der heutige Mensch darf nicht mehr wie der Atlantier vom Großen Geist *ergriffen werden*. Das Ich, das seine Egoität opfert, um diesen Großen Geist der Welt in Form von sinnlichkeitsfrei gebildeten Ideen und Begriffen in der Tätigkeit des Denkens zur Erscheinung zu bringen, tut dies in vollkommen freiwilliger Weise. Die frei und individuell hervorgebrachten Ideeninhalte – dies ist der Große Geist, wie er sich uns heute kundgeben kann. Daran ändert der Umstand nichts Wesentliches, daß dieser Geist zunächst in abstrakter Form erscheint, sich zunächst als untätig erweist; der Substanz nach ist es kein anderes Geistiges als dasjenige, aus welchem auch die konkreten Wesenheiten höherer Hierarchien bestehen.[41]

Doch nicht nur die in diesem Kapitel charakterisierten «*Anfänge*» eines neuen Hellsehertums oder eines zeitgemäßen Tao-Erlebens, welches im Denken von abstrakten reinen Ideen besteht, kann uns die *Philosophie der Freiheit* erschließen; auch zu einem Hellsehertum, das Geistig-Lebendiges und Geistig-Wesenhaftes erfassen lernt, kann sie den Weg weisen. Nicht nur die Perle der abstrakten Hellsichtigkeit lehrt sie erkennen und schätzen; sie zeigt auch, daß diese Perle zu wirklichem *Leben* erweckt werden kann, wie sie einst aus wirklichem Leben herausgeboren worden ist. «Das mit dem Gedankeninhalt erfüllte Leben in der Wirklichkeit ist zugleich das Leben in Gott», heißt es im Schlußkapitel der *Philosophie der Freiheit*.

Solches Leben wird jedoch erst *entsprechend* gedankenerfüllt sein, wenn die Gedanken selbst zu leben beginnen. Dazu muß das in den Begriffen verzaubert ruhende Leben durch konzentrative und meditative Übung gewissermaßen bebrütet werden, bis es die Eischale der Abstraktion durchbrechen kann.[42] Keinem anderen Ziele als dem eben angegebenen dient etwa der folgende, dem «Tao-Punkte» des Denkens selbst abgelauschte Meditationssatz Rudolf Steiners: «Ich empfinde mich denkend eins mit dem Strom des Weltgeschehens.» Ebensogut könnte zu diesem Ziele auch der folgende Gedanke aus dem vierten Kapitel der *Philosophie der Freiheit* meditiert werden: «Das Denken ist *jenseits* von Subjekt und Objekt. Es bildet diese beiden Begriffe ebenso wie alle anderen.»

Doch auch zum Erfassen von Geistig-Wesenhaftem kann die *Philosophie der Freiheit* führen. So spricht Rudolf Steiner im Schlußkapitel seines modernen Tao-Buches einmal in folgender Art vom Wesen des Denkens selbst: «Das gemeinsame Urwesen, das alle Menschen durchdringt, ergreift ... der Mensch in seinem Denken.» Von diesem «Urwesen» hat er auf eine entsprechende Frage von W. J. Stein einmal geäußert[43], es verberge sich hinter diesem Ausdruck das älteste der Archai-Wesen, das eine Art Gruppenseele der ganzen Menschheit sei.

Solche oder ähnliche Gedanken konzentrativ und meditativ zum Leben zu erwecken und die in ihnen ruhenden Wesenheiten zu entzaubern heißt nichts

anderes, als eine vollbewußte Tao-Empfindung auszubilden, die sich ebenso weit *über* die im wachen
Tagesbewußtsein erlebte Gegensätzlichkeit von Ich
und Welt erhebt, wie die Goethesche Tao-Empfindung noch unterhalb dieses Bewußtseins lag.

14. TAO UND DIE TECHNIK DER ZUKUNFT

So wie das atlantische Tao-Erleben auch in einer
ganz bestimmten Art von technischen Fähigkeiten
und Verrichtungen zum Ausdruck kam, so wird
auch das moderne und künftige Tao-Erleben allmählich zu einer vollkommenen Neugestaltung der
technisch-wirtschaftlichen Lebenssphäre führen.
Auf diese mit dem alten wie mit dem neuen Tao-
Erleben innig verbundene Komponente weist Rudolf Steiner im Jahre 1906 in einem Vortrag über
Wesen und Zukunft der Freimaurerei[44] hin. Er gibt
in diesem Vortrag einen wichtigen Aufschluß über
die Bedeutung der *Form* des Tao-Kreuzes, indem er
den fehlenden oberen Balken in folgender Art mit
dem Mineralreich in Zusammenhang bringt: «Das
Mineralreich ist weggelassen ...; der Mensch be-
herrscht es bereits.» Auf die wissenschaftlich-techni-
sche Beherrschung der mineralischen Welt ist damit
gedeutet. Daß beim Tao-Kreuz der obere Balken
weggelassen wird, soll in symbolischer Form zum
Ausdruck bringen: die Menschheit geht einem Zeitalter entgegen, in welchem die Beherrschung der
Lebenskräfte und noch höherer Kräfte zur Grundlage technologischer Verrichtungen werden muß.
Rudolf Steiner spricht von einer «ganz neuen Natur-

kraft». Im Gegensatz aber zur teilweise egoistisch-mißbräuchlichen Verwertung der Lebenskräfte, die schließlich den Untergang der alten Atlantis herbeigeführt hat, wird diese «ganz neue Naturkraft» nur «in Bewegung gesetzt werden können durch die Macht der selbstlosen Liebe». Diese Kraft «wird selbst dazu verwendet werden können, Maschinen anzutreiben, welche aber stillstehen werden, wenn egoistische Menschen sie bedienen». Ebensosehr wie diese Kraft von der Liebe umhüllt sein muß, ebensosehr muß sie in vollster Freiheit aktiviert werden, denn Freiheit ist nur die andere Seite der Liebe; beide Fähigkeiten hatten sich in der alten Atlantis im allgemeinen noch nicht entwickelt. So symbolisiert «das Tau-Zeichen eine ganz neue Macht, die auf die Freiheit gegründet ist und in der Erweckung einer ganz neuen Naturkraft besteht».[44]

Ein rätselhafter, vieldiskutierter Vorläufer der technischen Verwertung einer solchen neuen Naturkraft stellt der von J. W. Keely[45] konstruierte Motor dar, «der nur ging, wenn er selbst dabei war», wie Rudolf Steiner bestätigt. Keely «hat damit den Leuten nichts vorgemacht, denn er hatte in sich selbst jene treibende Kraft, die aus dem Seelischen hervorgeht und Mechanisches in Bewegung setzen kann». Daß diese Kraft nur auf einer ganz bestimmten seelisch-moralischen Grundlage gedeihlich verwendet werden kann, wird im folgenden noch einmal unmißverständlich deutlich gemacht: «Eine

Antriebskraft, die nur moralisch sein kann, das ist die Idee der Zukunft; die wichtigste Kraft, die der Kultur eingeimpft werden muß, wenn sie sich nicht selbst überschlagen soll. Das Mechanische und das Moralische werden sich durchdringen, weil dann das Mechanische ohne das Moralische nichts ist. Hart vor dieser Grenze stehen wir heute. Nicht bloß mit Wasser und Dampf, sondern mit spiritueller Kraft, mit spiritueller Moral werden in Zukunft die Maschinen getrieben werden.»

Doch nicht nur durch das Tao-Zeichen, auch innerhalb der Gralsströmung wurde auf diese kommende Kraft bereits hingewiesen. Auf diesen wichtigen Zusammenhang deutet Rudolf Steiner im selben Vortrag hin: «Diese Kraft ist symbolisiert durch das Tau-Zeichen und wurde schon poetisch angedeutet durch das Bild des Heiligen Grals.»[44] Der englische Schriftsteller Bulwer-Lytton nannte diese Kraft «Vril» und stellte sie in einem Roman gleichen Titels dar.

***

Werfen wir an dieser Stelle noch einmal einen Blick auf D. N. Dunlop und sein Erlebnis in Glastonbury. Wir haben bereits zu zeigen versucht, inwiefern wir es bei diesem Erlebnis mit einem modernen Tao-Erlebnis zu tun haben. Daß nun der spätere Begründer der Weltenergiekonferenz ausgerechnet in Glastonbury ein solches Erlebnis hat, ist im Zusammenhang mit Rudolf Steiners eben zitiertem Hinweis auf den inneren Zusammenhang von Tao- und Gralsströmung sehr bemerkenswert. Denn nicht nur mit der westlichen Artusströmung ist dieser Ort verknüpft, sondern auch mit der westlichen Gralsströmung: durch Joseph von Arimathia, der den Kelch des heiligen Abendmahles (die «Gralsschale») an diesen Ort gebracht haben soll. Dunlop weist zu Beginn seiner Darstellung auf diesen Zusammenhang von Glastonbury mit der Artus- wie mit der Gralsströmung selbst ausdrücklich hin.

Während seines Amerikaaufenthaltes kurz vor der Jahrhundertwende hatte D. N. Dunlop den Keely-Motor selbst in Augenschein nehmen können, wie W. J. Stein berichtet hat. Und zweifellos wird er sich auch mit dem sogenannten «Strader-Motor»[46] beschäftigt haben.

«Wie der Mensch ... zum Werkbaumeister des Unlebendigen geworden ist», so lesen wir im selben Vortrag Rudolf Steiners weiter, «so wird er zum Werkbaumeister des Lebendigen werden.»[44] Gewiß dürfen wir gerade auch in der Individualität D. N. Dunlops einen solchen künftigen «Werkbaumeister des Lebendigen» sehen – es liegt gewissermaßen in der inneren Logik seines Wesens und seines ganzen Lebensganges begründet.

15. VOM AHRIMANISCHEN ANGRIFF AUF DAS TAO-POTENTIAL DES WESTENS

Vom «Tao» ist heute wieder vermehrt die Rede, wie verschiedene neuere Publikationen zeigen. In einer Welt der politischen wie der weltanschaulichen Ratlosigkeit weckt dieses Wort oder dieser Klang wieder vielerorts hoffnungsverheißende Ahnungen von einer ganz anders gearteten Kultur und Weltanschauung, als sie in den letzten Jahrhunderten vor allem das Gesicht des modernen Westens geprägt haben.

Der in den Vereinigten Staaten lebende Chinese Chungliang Al Huang versucht in seinem *Tao Wetter*[47] auf kalligraphische Art zur Versöhnung «der psychischen Gegensätze» beizutragen. Von John Heider, dem Direktor der kalifornischen Human Potential School ist jüngst in deutscher Übersetzung ein Tao-Buch erschienen[48], welches in besonderer Weise verspricht, «menschliche Führungskräfte wachzurufen und auszubilden». Heiders Buch wendet sich «an jeden Menschen..., der eine führende Stellung innerhalb der Familie, einer Gruppe, Kirche, Schule, im Beruf, Militär, in der Politik oder Verwaltung innehat oder anstrebt». Und auch etwas scheinbar so Profanes wie die Kochkunst soll wieder gezielt im Zeichen des Tao stehen.[49]

«Taoismus für jedermann» – so könnte man aus einem groben Überblick über diese und andere neuere Publikationen bilanzieren. Denn selbst in die moderne Naturwissenschaft beginnt ein gewisser Taoismus seinen Einzug zu halten. Es sei in diesem Zusammenhang an das vor wenigen Jahren erschienene Buch von Fritjof Capra *Das Tao der Physik*[50] erinnert, in welchem der Autor «die Konvergenz von westlicher Wissenschaft und östlicher Philosophie» aufzeigen will.

Inwiefern haben wir es in den genannten Publikationen mit einem wahrhaft zeitgemäßen Taoismus zu tun, wie wir ihn im 13. Kapitel zu charakterisieren versuchten? Inwiefern mit einem Wiederaufwärmen von «Momenten» der menschlichen Bewußtseinsentwicklung, die einer fernen Vergangenheit angehören? Werfen wir von diesem Gesichtspunkt aus einen kurzen Blick auf das *Das Tao der Physik*. Capras Buch verdankt seine Existenz einem Erlebnis, welches der Autor im Vorwort zur Erstausgabe folgendermaßen beschreibt:

«Vor fünf Jahren hatte ich ein wunderbares Erlebnis, worauf ich den Weg einschlug, der zum Schreiben dieses Buches führte. Eines Nachmittags im Spätsommer saß ich am Meer und sah, wie die Wellen anrollten, und fühlte den Rhythmus meines Atems, als ich mir plötzlich meiner Umgebung als Teil eines gigantischen kosmischen Tanzes bewußt wurde. Als Physiker wußte ich, daß der Sand und die Felsen, das Wasser und die Luft um mich her sich aus vibrierenden Molekülen und Atomen zusammensetzten ... Ich wußte auch, daß unsere Atmosphäre ständig durch Ströme kosmischer Strahlen bombardiert wird ... All dies war mir von meiner Forschungstätigkeit in Hochenergiephysik vertraut ... Als ich am Strand saß, gewannen meine früheren Experimente Leben. Ich ‹sah› förmlich, wie aus dem Weltraum Energie in Kaskaden herabkam und ihre Teilchen rhythmisch erzeugt und zerstört wurden. Ich ‹sah› die Atome der Elemente und die meines Körpers als Teil dieses kosmischen Energietanzes.»[51]

Kann diesem Erlebnis einerseits eine gewisse Tao-Qualität zugeschrieben werden, insofern hier ein moderner Mensch die *Einheit* seines «Körpers» mit dem übrigen Universum «erlebt», so ist andererseits auch die materialistische Färbung dieses Tao-Erlebens nicht zu verkennen. Schon daß in erster Linie der «Körper», nicht auch gleichermaßen Seele und Geist, in das Einheits-Erleben einbezogen ist, zeigt diese Färbung. Noch deutlicher tritt sie zutage, wenn man beachtet, daß Capras Erleben auf die «Atome der Elemente» und auf den «kosmischen Energietanz» gerichtet ist. Hatte der Atlantier noch vom «Großen Geist» gesprochen, der alle Naturerscheinungen durchpulst und den der moderne Mensch zunächst in Form der selbständig und aktiv zur Erscheinung gebrachten *Ideen* wiederfinden kann, so tritt uns hier die «Große Materie» entgegen, auch wenn ihr gewisse energetische Eigenschaften zugeschrieben werden. Wie der linke Schuh zum rechten, so paßt zu dieser materialisierten Form alten Tao-Erlebens die Bewußtseins- und Denkpassivität des der östlichen Mystik zugeneigten Physikers.

In seinem Bemühen, die Parallelen zwischen östlicher Mystik und moderner Physik aufzuzeigen, ließ sich Capra durch halluzinogene Pflanzen – also wiederum auf materielle Weise – «inspirieren», und diese Pflanzen «zeigten» ihm, *«wie die Gedanken frei strömen können, wie geistige Erkenntnisse von sich aus kommen und mühelos aus der Tiefe des Bewußtseins aufsteigen.»*[51] – Man glaubt, mit Händen greifen zu können, wie die beiden weltgeschichtlichen Tao-Karikaturen, von denen weiter oben die Rede war, hier gewissermaßen en miniature tätig sind, um den Erlebnis- und Bewußtseinsuntergrund zu präparieren, aus welchem *Das Tao der Physik,* das immerhin weltweite Beachtung gefunden hat, hervorgegangen ist.

Während aller wahrhaft moderne Taoismus über das «Tao des Denkens» führen muß, kann uns gerade Capras Buch auf die Gegenwartstendenz aufmerksam machen, einen gewissermaßen gedankenlosen Taoismus zu reinstallieren. Denn offen und frei bekennt der «Taoist» Capra: «Die Kluft zwischen rationalem analytischem Denken und der meditativen Erfahrung mystischer Wahrheit machte und macht mir immer noch zu schaffen.»[51] Mit anderen Worten: er weiß nicht, in welchem Verhältnis denkendes und schauendes Bewußtsein zueinander stehen, daß nämlich das denkende Bewußtsein in impliziter oder involvierter Form das schauende Bewußtsein bereits in sich enthält. Aus solchem Nichtwissen muß sich aber mit Notwendigkeit die falsche Alternativfrage ergeben, die jedes moderne «Huhn» irrigerweise zu stellen geneigt ist, solange es an der Perle der Hellsichtigkeit innerhalb des abstrakten, «rationalen» Denkens achtlos vorübereilt, weil es sich unter Hellsichtigkeit bequemlicherweise etwas ganz anderes «vorstellt».

Nicht das ist die Frage, obwohl sie Capra zu schaffen macht: Wie komme ich vom «rationalen» Denken zur mystisch-übersinnlichen Schau, da beides durch eine unendliche Kluft getrennt zu sein scheint? Richtig gestellt muß die Frage so lauten: Wie kann das Element der Hellsichtigkeit, das bereits im rationalen Denken in involvierter Form vorhanden ist, zur Entwicklung oder zur Evolution gebracht werden, so daß dieser Hellsichtigkeit noch anderes zugänglich werden kann als die Welt der sinnlichkeitsfreien abstrakten Ideen?

***

Es ist gewiß nicht bedeutungslos, daß die oben genannten Tao-Publikationen und insbesondere Capras *Tao der Physik* aus dem Westen kommen. Gerade im Westen hat sich, wie wir gesehen haben, altes Tao-Potential besonders lange erhalten. Der westliche Mensch kann dies spüren und das starke Bedürfnis entwickeln, an dieses Potential von Hellsichtigkeitskräften anzuknüpfen. Die entscheidende Frage ist nur, *wie* er dies tut, und ob er sich dabei von klaren Erkenntnissen oder von instinktiven Impulsen leiten läßt. Die Versuchung zu letzterem wird umso größer sein, als das westliche Tao-Potential in viel geringerem Maße zur Hellsichtigkeit *des Denkens* hinaufgeläutert worden ist, als dies im europäischen Westen unter dem stetigen Einfluß des Rosenkreuzertums und der an dieses anknüpfenden modernen Geisteswissenschaft hat geschehen können.

Dieses alte Tao-Potential im Westen versucht die von Rudolf Steiner «Ahriman» genannte Geistesmacht mehr und mehr in ihre Verfügungsgewalt zu bringen, um den Menschen dadurch *in ihrem Sinne* hellsichtig werden zu lassen. Eine solche ahrimanisierte Hellsichtigkeit könnte zwar die subjektiven Glücksbedürfnisse in höchstem Maße befriedigen, müßte aber eine im tieferen Sinne gedankenlose Hellsichtigkeit bleiben. Denn Ahriman hat das größte Interesse daran, den individuellen, gesunden Menschenverstand, der im regulären Gang der Bewußtseinsentwicklung alles gegenwärtige und künftige Schauen begleiten und kontrollieren muß, auszuschalten. Rudolf Steiner charakterisiert dieses Ahriman-Interesse in der schärfsten und unmißverständlichsten Weise, wenn er sagt: «Ahriman hat immer das intensivste Bestreben, die Menschen um ihren individuellen Verstand zu bringen und ihn sich selbst anzueignen, so daß der menschliche Verstand nach der Meinung Ahrimans in ahrimanische Gewalt übergehen sollte. Ahriman hat eigentlich ... immer das Bestreben ... den Menschen nicht darauf kommen zu lassen, was alles sein Verstand kann.»[52] Ihn beispielsweise nicht darauf kommen zu lassen, daß in dem *Gebrauch* dieses Verstandes zugleich der «vernünftigste» Ausgangspunkt moderner Hellsichtigkeit zu sehen ist.

Über diese verstand- und vernunftlose, einzig an die Egoismus-Instinkte appellierende Form der Hellsichtigkeit, die Ahriman der Menschheit bescheren möchte, führte Rudolf Steiner am 15. November 1919, wenige Wochen nachdem er bereits in zwei anderen Vorträgen eingehend von der künftigen Ahriman-Inkarnation im Westen und den sie vorbereitenden Impulsen gesprochen hatte, das Folgende aus: «Ahriman würde den Menschen durch die grandiosesten Künste alles dasjenige bringen, was bis dahin nur mit großer Mühe und Anstrengung erworben werden kann an hellseherischem Wissen, wie es hier» – das heißt in der durch die Anwendung des gesunden Menschenverstandes einsehbaren Geisteswissenschaft – «gemeint ist. Denken Sie sich, wie unendlich bequem das sein würde! Die Menschen würden gar nichts zu tun brauchen. Sie würden materialistisch hinleben können, sie würden essen und trinken können ... und würden sich nicht zu kümmern brauchen um irgendein Geistesstreben ... Wenn im richtigen Zeitpunkt Ahriman in der westlichen Welt inkarniert wird, würde er eine große Geheimschule gründen, in dieser Geheimschule würden die grandiosesten Zauberkünste getrieben werden, und über die Menschen würde ausgegossen werden alles dasjenige, was sonst nur mit Mühe zu erwerben ist ... Alle die Bequemlinge, die heute sagen: Wir wollen nichts von Geisteswissenschaft wissen, die würden seinem Zauber verfallen, denn er würde in grandiosester Weise die Menschen in großen Mengen durch Zauberkünste zu Hellsehern machen können.»[53]

Schon Goethes dichterisches Genie hat diese Ahriman-Intention klar erschaut.

«Verachte nur Vernunft und Wissenschaft,
Des Menschen allerhöchste Kraft»,

höhnt Mephistopheles dem sich zur großen Fahrt in die Welt rüstenden Faust nach.

«Laß nur in Blend- und Zauberwerken
Dich von dem Lügengeist bestärken,
So hab' ich dich schon unbedingt.»

So soll der Mensch im ersten Akt um seinen individuellen Verstand – «des Menschen allerhöchste Kraft» – gebracht werden, um im zweiten Akt in vollkommen passiver Weise die «Gabe» ahrimanischer Hellsichtigkeit in Empfang zu nehmen. Im Gegensatz zur vernunftgemäß einzusehenden Geisteswissenschaft, die über alle Rassen-, Standes- und religiösen Unterschiede hinweg ein allgemeines *Menschheits*bewußtsein heraufführen will, würde durch Ahrimans Zauberkünste der einzelne Mensch zwar «furchtbar hellsichtig werden, *aber ganz differenziert:* Dasjenige, was der eine sehen würde, würde der andere nicht sehen, nicht ein dritter! Die Menschen würden alle durcheinanderkommen, und trotzdem sie ein Fundament von hellseherischer Weisheit empfangen würden, würden sie nur in Streit und Hader kommen können, denn die Gesichte der verschiedenen Menschen wären die verschiedensten. Schließlich aber würden die Menschen mit ihren Gesichten sehr zufrieden sein, denn sie würden ja ein jeder in die geistige Welt hineinsehen können. Die Folge davon würde aber wiederum sein, daß alles, was Erdenkultur ist, dem Ahriman verfiele! Die Menschheit würde dem Ahriman verfallen, einfach dadurch, daß sie sich nicht selbst angeeignet hat, was ihr dann Ahriman geben würde ... Erfüllen würde sich alles dasjenige, was im Grunde in unbewußter Tendenz die gegenwärtige Menschheit ja eigentlich heillos will.»[53]

Mit höchster Bewußtheit bedienen sich die ahrimanischen Mächte gerade auch jener «unbewußten Tendenz» innerhalb der heutigen Menschheit, die Gabe des Hellsehens unter Ausschaltung des individuellen Denkens empfangen zu wollen.

Betrachten wir noch einmal den alten Tao-Stein auf Irland. Daß sich die Blicklinien der einander zugekehrten Gesichter in Himmelshöhe treffen und durchdringen, kann uns ein Sinnbild sein für die Durchdringung von schauendem und denkendem Bewußtsein, wie wir sie in elementarster Art in der modernen «Perle der Hellsichtigkeit» erleben können. *Gerade diese Durchdringung soll durch die Ahrimanisierung des menschlichen Hellsichtigkeits-Potentiales verhindert werden.* Im Bilde gesprochen: die beiden Gesichter auf dem Tao-Stein sollen in diametral entgegengesetzte Richtungen schauen, so daß sich die Blicklinien des schauenden und des denkenden Bewußtseins niemals begegnen können! Dies wäre die ahrimangemäße Umgestaltung des irischen Tao-Kreuzes.

***

Schon in früheren Zeiten wurde von ahrimanischen Mächten und ihren menschlichen Dienern das alte Tao-Potential des großen Westens in furchtbarster Weise mißbraucht. In der von Rudolf Steiner charakterisierten Ahrimanisierungstendenz heutiger und künftiger Hellsichtigkeitskräfte müssen wir ein «Taotl»-Wirken von noch viel höherer Stoßkraft erblicken.

Dies ist die Gefahrenperspektive, die in augenscheinlicher Weise besonders im Westen droht, im

Grunde aber überall, wo der Versuch gemacht wird, in bequem scheinender Abkürzung von der einstigen Evolution des Schauens unter Verachtung von «Vernunft und Wissenschaft» zur vermeintlichen «neuen» Evolution des Schauens überzugehen.

Drei menschheitliche Entwicklungsphasen um-
spannt der geheimnisvolle Tao-Laut. Während der
Phase der atlantischen Ich-Geburt, erlebte der
Mensch noch in bewußtseinsdumpfer hellsichtiger
Art das Walten und Wirken des Göttlichen in allem
Natur- und Seelendasein; das sich einsenkende
Ich-Wesen wurde als Geschenk der Geister der
Form erlebt, und dem noch weit geöffneten jungen
Ich waren die schenkenden Schöpfergeister seines
eigenen Wesens hellseherisch erlebbar. Das mensch-
liche Ich hatte gleichsam noch Kelchgestalt: spiri-
tuelle Wesenheiten und Tatsachen floßen in reichem
Maße in es ein. Weltzugehörigkeit kennzeichnete
das atlantische Seelenleben, wobei ihm die «Welt»
überall geistdurchwirkt war.

Mit der Herausbildung des an die erwachten Sinne
und den Gebrauch des individuellen Verstandes ge-
bundenen Gegenstandsbewußtseins begann das Ich,
sich seiner selbst allmählich als eines relativ abge-
schlossenen Einzelwesens bewußt zu werden; es be-
gab sich damit mehr und mehr in den Gegensatz
zur Welt der äußeren und spirituellen Wesenheiten
und Tatsachen. Nun erst konnte die *Sehnsucht*
nach dem Göttlichen entstehen, und auf den We-

gen des *religiösen* Kultus suchte die Menschheit durch Jahrtausende hindurch das abgerissene Band zwischen ihr selbst und der Gottheit wieder zu knüpfen; «Religion» kommt vom lateinischen re-ligare, was soviel wie Wieder-Verbinden bedeutet. Das Denken hatte sich zu entwickeln, das einstige Schauen trat zurück; doch in allem Denken der nachatlantischen Kulturentwicklung blieb das Schauen als immanenter oder involvierter Faktor erhalten – es ist die «Perle der Hellsichtigkeit», welche die Brücke zu bilden hat zwischen altem Schauen und künftigem Schauen.

Mit dem Ablauf des Kali Yuga im Jahre 1899 tritt die Menschheit in die dritte große Entwicklungsphase ein: ein neues Schauen ist zu erringen, doch in vollbewußter Art und unter voller Wahrung der inzwischen ausgebildeten Selbstbewußtheit, ein Schauen, das durch das Denken übersinnlicher Tatsachen und Wesenheiten vorbereitet sein will und das von diesem Denken stets begleitet sein muß. Denn keine Schauungen der Gegenwart und Zukunft – und haben sie scheinbar oder wirklich noch so hohe Wesenheiten und Tatsachen der übersinnlichen Welt zum Inhalt – können sich selbst deuten; sie können nur *erscheinen*; ihrem Wesen nach gedeutet werden müssen sie stets durch das vollentwickelte souveräne Denken. Insofern stellt das Denken das Ferment aller Schauungen der Gegenwart und Zukunft dar. Und wo es weggelassen wird und zu verkümmern beginnt, wird den ahrimanischen

Bestrebungen, von denen im letzten Kapitel die Rede war, in die Hände gearbeitet. Durch diese Bestrebungen soll ja die an das Wirken des Ich gebundene individuelle Denkfähigkeit, damit letztlich aber auch dieses Ich selbst ausgeschaltet werden. Dieses ahrimanische Bestreben stellt die bisher radikalste Tao-Perversion der Weltgeschichte dar; ist doch das Tao in ursprünglichster und intimster Weise mit der Geburt und der Entwicklung der menschlichen Ichkraft verbunden.

***

Eine Entwicklungskraft weittragendster Art müssen wir im Tao erblicken, und gerade im Hinblick auf diesen wohl bedeutendsten Tao-Aspekt hat Rudolf Steiner in dem bereits angeführten öffentlichen Vortrag aus dem Jahre 1905[4] einmal die folgende Charakteristik gegeben:

«Das Tao drückt aus und drückte schon vor Jahrtausenden für einen großen Teil der Menschheit das Höchste aus, zu dem die Menschen aufsehen konnten, von dem sie sich dachten, daß die Welt, die ganze Menschheit einmal hinkommen werde, das Höchste, was der Mensch keimhaft in sich trägt und was einst als reife Blume aus der innersten menschlichen Natur sich entwickeln wird. Ein tiefer verborgener Seelengrund und eine erhabene Zukunft zugleich bedeutet Tao. Mit scheuer Ehrfurcht wird nicht nur Tao ausgesprochen, sondern wird auch an Tao gedacht von dem, der weiß um was es sich dabei handelt. Die Tao-Religion beruht auf dem Prinzip der Entwickelung, und sie sagt: Was heute um mich ist, ist ein Stadium, das überwunden werden wird. *Ich muß mir klar darüber sein, daß diese Entwickelung, in der ich mich befinde, ein Ziel hat, daß ich mich hinentwickeln werde zu einem erhabenen Ziel und daß in mir eine Kraft lebt, die mich anspornt, zu dem großen Ziele Tao zu kommen.* Fühle ich diese große Kraft in mir und fühle ich, daß mit mir alle Wesen zu diesem Ziele hinsteuern, dann ist mir diese Kraft die Steuerkraft, die mir aus dem Winde entgegenbläst, aus dem Stein entgegentönt, aus dem Blitz entgegenleuchtet, aus dem Donner entgegentönt, die mir ihr Licht von der Sonne zusendet. In der Pflanze erscheint sie als Wachstumskraft, im Tier als Empfindung und Wahrnehmung. Sie ist die Kraft, die Form nach Form zu jenem erhabenen Ziele immer und immer hervorbringen wird, durch die ich mich eins weiß mit der ganzen Natur, die aus mir mit jedem Atemzuge aus- und einströmt, die das Symbol des höchsten, sich entwickelnden Geistes ist, die ich als Leben empfinde. Diese Kraft empfinde ich als Tao.»

Während die große «Steuerkraft» Tao im Pflanzenreich als Wachstumskraft, im Tierreich als «Empfindung und Wahrnehmung» zur Erscheinung kommt – wie äußert sie sich denn im Menschen selbst? So müßte hier doch gefragt werden.

Als *Ichkraft,* so muß aus unserer bisherigen Betrachtung heraus geantwortet werden.

Und was ist jenes «Höchste», von dem Rudolf Steiner spricht, «was der Mensch keimhaft in sich trägt und was einst als reife Frucht sich entwickeln wird»? – *Ichheit,* so können wir antworten.

Und das «erhabene… große Ziel Tao»? – *Vollendung der Ichheit.*

***

Als «tiefen verborgenen Seelengrund» – so senkten die Geister der Form der dreifachen Hüllennatur des Menschen das Ich ein. Vom Ich-*Geschenk* mußten wir sprechen. Zum Gott-Menschen wurde der Mensch durch dieses Geschenk. Doch das geschenkte «Ich» ist ein «unfertiges» Ich[54], und alles Denken, Fühlen und Wollen des Menschen muß im Laufe der nachatlantischen Zeit in immer reinerer Form von der göttlichen Ich-Natur durchkraftet werden.[55] Dadurch «vollendet» der Mensch das Ich-Geschenk; es wird das Ich Erden-Errungenschaft. Auch für die Ich-Entwicklung gilt daher, wenn auch in modifizierter Weise, das viel zitierte Faust-Wort: «Was du ererbt von deinen Vätern hast, erwirb es, um es zu besitzen.» Zum Menschen-Gott steigt der Mensch durch dieses Erringen oder «Erwerben» auf. Heiligstes Göttergeschenk und heiligste Erden-Errungenschaft: dies sind die beiden extremen Pole, zwischen denen sich die menschliche Ich-Entwicklung vollzieht.

Doch heute kann der Mensch seine kosmisch-schöpferische Ichnatur im allgemeinen erst im abstrakten Denken zur reinen Offenbarung bringen, indem er das «Naturwesen» in sich betätigt und den großen Geist der Welt in seinem individuellen Bewußtsein in Begriffsform zur Erscheinung bringt. Dies ist das Tao des Denkens, von dem im dreizehnten Kapitel die Rede war.

Schon ein leiser Anflug von wahrer Selbsterkenntnis wird sogleich zeigen können, daß es weit schwerer ist, zu einem *Fühlen* zu kommen, das ebenso universellen Charakter hat wie das Denken. Jedermann wird bei gutem Willen zu klarem Denken zugeben, daß auch die Gesetzmäßigkeiten des Fühlens ebenso wie diejenigen der Mathematik oder des äußeren Naturdaseins in Begriffen erfaßt werden können, die, wie alle sinnlichkeitsfreien allgemeinen Begriffe, für alle Denkenden *dieselben* sind. Wahres Denken wird niemals von meinem Begriff des Schmerzes oder der Lust «sprechen» können; wohl aber wird im gewöhnlichen Fühlen gerade auf dieses «mein» der allergrößte Wert gelegt. So dominiert im Fühlen zunächst das Subjektiv-Persönliche, das die Menschheit innerhalb des Denkens bereits bis zu einem gewissen Grade zu beherrschen gelernt hat.

Doch gerade durch das reine Denken kann auch ein höheres, vom Subjektiv-Persönlichen gereinig-

tes Fühlen entwickelt werden. «Die höchsten Gefühle sind eben nicht diejenigen die ‹von selbst› sich
einstellen, sondern diejenigen, welche in energi-
scher Gedankenarbeit errungen werden», lesen wir
in Rudolf Steiners *Theosophie*. Und wenn sich diese
Gedankenarbeit auf Tatsachen des übersinnlichen
Daseins bezieht, dann gilt von solchem *errungenen*
Fühlen: «Es gibt kein Gefühl und keinen Enthu-
siasmus, die sich mit den Empfindungen an Wärme,
Schönheit und Gehobenheit vergleichen lassen,
welche angefacht werden durch die reinen, kristall-
klaren Gedanken, die sich auf höhere Welten bezie-
hen.»[56]

Man wird sich leicht denken können, daß die universelle Ichnatur des Menschen im Reiche des Wol-
lens noch viel größere Widerstände zu überwinden
hat, um auch diesem Wollen den Charakter der
kosmischen Ichheit aufzuprägen.

Doch der heutige Mensch kann neben der charakterisierten Ausbildung eines höheren Fühlens auch
damit beginnen, seine wahre universelle Ichheit,
hat sie sich einmal im Denken in reiner Form erfaßt, in bewußter Art in der Sphäre der *lebendigen*
Gedanken darzuleben[42], die nicht mehr der physischen, sondern der *ätherischen* Welt angehören.
«Dann werden sich den *belebten* Gedanken Seelen
und Geister der übersinnlichen Welt neigen.»[57] Die
wichtigste Wesenheit, die sich dem Menschen in
der Sphäre der belebten Gedanken heute «neigen»
kann, ist die Christus-Wesenheit. In freier Weise

kann ihr das Menschen-Ich in dieser Lebenssphäre als dem *Welten-Ich* begegnen lernen, das in der heutigen Zeit «im Ätherreich sein Zelt aufspannt».[58]

So kann das Menschen-Ich, nachdem es sich aus der kosmisch-wesenhaften Geistnatur, in deren Schoße es einst dämmerhaft geruht hat, losgelöst hatte, um zu sich selbst zu kommen, in Freiheit erneut seiner spirituell-wesenhaften Welterfüllung entgegengehen.

Und wird der Mensch über das abstrakte und über das *lebendige* Denken hinaus nicht nur beim ichdurchdrungenen universellen Fühlen[55], sondern auch beim ichdurchdrungenen Wollen[55] angelangt sein, so wird er vollendet haben, was das große Tao-Ziel in bezug auf seine eigene Wesenheit darstellt: er wird von einem geschaffenen Ich *restlos* zu einem schaffenden oder schöpferischen Ich übergegangen sein. Als freier Geist unter Geistern wird er als zehnte Hierarchie in vollbewußter Art an der künftigen Gestaltung der Welt mitwirken.

Durch den Menschen selbst wird dadurch die Welt stufenweise (durch das im Denken, Fühlen und Wollen schaffende Ich)[55] vom Tao durchklungen, das ursprünglich von den mächtigen Geistern der Form ausströmend das Weltall durchtönt hat.

***

Ist, war oder wird alles Seiende einst *Mensch,* so besteht die *Vollendung* der Menschwerdung selbst in dieser stufenweisen Umwandlung des unfrei-geschaffenen Ich des einstigen Gottmenschen in ein frei-schaffendes Ich des werdenden Menschengottes. Alle Vorgänge und Erscheinungen innerhalb des kulturellen, des sozialen und des wirtschaftlichen Lebens sind in unmittelbarer oder mittelbarer Weise der spiegelbildliche Ausdruck dieses grandiosen Umwandlungsprozesses, der sich über immense Zeiträume hinweg vollzieht und der, im einzelnen Menschen wie in der Menschheit als ganzer, bewirkt wird durch die große «Steuerkraft» des TAO.

ANMERKUNGEN UND HINWEISE

(GA = Rudolf Steiner Gesamtausgabe, Dornach)

1 Zitiert nach: D. N. Dunlop, *Nature-Spirits and the Spirits of the Elements*, London 1920, p. 3.

2 *Die Philosophie der Freiheit*, 15. Aufl. 1987, S. 28 ff., GA 4.

3 Zu Atlantis siehe u. a.: Rudolf Steiner, *Die Geheimwissenschaft im Umriß*, Kap. «Die Weltentwickelung und der Mensch», 29. Aufl. 1977, GA 13; *Aus der Akasha-Chronik*, Kap. «Unsere atlantischen Vorfahren», 5. Aufl. 1973, GA 11; ferner zum Beispiel den Vortrag vom 9. Juli 1924, in GA 354 (siehe auch Anm. 14).

4 «Der Weisheitskern in den Religionen», Vortrag vom 16. November 1905, enthalten in: *Die Welträtsel und die Anthroposophie*, 2. Aufl., Dornach 1983, GA 54.

5 Die Verleihung des Ich durch die Geister der Form wird in der *Geheimwissenschaft im Umriß* (vgl. Anm. 3) kurz und mehr im Hinblick auf ihre epochale Bedeutung innerhalb der Gesamtevolution dargestellt, in manchen Vorträgen dagegen detaillierter geschildert; eine Darstellung der hier erwähnten drei Stufen der Ich-Einsenkung findet sich zum Beispiel im Vortrag vom 29. Februar 1908, enthalten in: *Das Hereinwirken geistiger Wesenheiten in den Menschen*, 1974, GA 102.

6 Mit diesen Worten charakterisierte Rudolf Steiner den Tao-Laut in dem sogenannten Laut-Eurythmiekurs. Siehe: *Eurythmie als sichtbare Sprache*, GA 279, 4. Aufl. 1979. Vortrag vom 25. Juni 1924.

7 Siehe: *Die Mission einzelner Volksseelen*, 5. Aufl. 1982, Vortrag vom 12. Juni 1910 (morgens), GA 121.

8 Aus einer Fragenbeantwortung Rudolf Steiners nach einem (unveröffentlichten) Vortrag am 18. November 1905 in Berlin.

9 Die Luzifer und Ahriman genannten übersinnlichen Wesenheiten werden von Rudolf Steiner u. a. näher charakterisiert in seiner *Geheimwissenschaft im Umriß*, im Kapitel «Die Weltentwickelung und der Mensch», GA 13.

10 Siehe: Rudolf Steiner, *Vor dem Tore der Theosophie*, 3. Aufl. 1978, Vortrag vom 31. August 1906, GA 95; ferner den Vortrag vom 7. Oktober 1907, enthalten in *Mythen und Sagen, okkulte Zeichen und Symbole*, 1987, GA 101.

11 Siehe *Die Geheimwissenschaft im Umriß* (vgl. Anm. 3) sowie den Vortrag vom 27. August 1909, enthalten in: *Der Orient im Lichte des Okzidents*, 5. Aufl. 1982, GA 113.

12 Dieser Hinweis findet sich in einem Vortrag vom 4. November 1911, enthalten in: *Die Tempellegende und die Goldene Legende*, 2. Aufl. 1982, GA 93.

13 Vortrag vom 2. Januar 1906, enthalten in GA 93 (siehe Anm. 12). Vgl. auch die verschiedenen Darstellungen Rudolf Steiners der «Tempellegende» in diesem Band gleichen Titels.

14 Siehe den Vortrag vom 12. Juli 1924 vor Arbeitern, enthalten in: *Die Schöpfung des Menschen und der Welt*, 2. Aufl. 1977, GA 354.

15 Siehe: *Der Orient im Lichte des Okzidents* (vgl. Anm. 11), Vortrag vom 31. August 1909.

16 *Die Weltgeschichte in anthroposophischer Beleuchtung*, 4. Aufl. 1980, GA 233. Vortrag vom 27. Dezember 1923.

17 Am 7., 8. und 9. Dezember 1923 gab Rudolf Steiner eine umfassende Darstellung der hybernischen Mysterienvorgänge; enthalten in dem Band *Mysteriengestaltungen*, 3. Aufl. 1974, GA 232. – Die von uns angeführte Charakterisierung findet sich im dritten Vortrag vom 9. Dezember.

18 *Mysteriengestaltungen*, (vgl. Anm. 16), Vortrag vom 9. Dezember 1923.

19 Diese Zusammenhänge können an dieser Stelle nur in aphoristischer Weise angedeutet werden und bedürften einer eigenen Darstellung. Zu den hier berührten Geheimnissen des physischen Leibes gehört zum Beispiel die *Altersdifferenz* verschiedener Organe oder Organsysteme im menschlichen Leibe. So wurden die heutigen Sinnesorgane bereits auf dem alten Saturn veranlagt, das Herz dagegen erst während der Erdenzeit. Die Sinne haben also bereits eine urlange Vergangenheit hinter sich. Das Herz steht, vergleichsweise gesprochen, erst im Beginne seiner Entwicklung; dies zeigt sich schon in einer Eigentümlichkeit seines anatomischen Baus: es hat eine quergestreifte Muskulatur, wie sie sonst nur bei jenen Muskeln anzutreffen ist, die der Mensch heute willkürlich betätigen kann. Das Herz ist also dazu veranlagt, einst willkürlicher Muskel zu werden und wird seine Vollendung (wenn auch nicht mehr in physisch-*materieller* Form) erst während der Evolutionsphase des Vulkan-Planeten erfahren. Um solche «Zeitgeheimnisse des physischen Leibes» hat man in Hybernia offensichtlich gewußt. Schon dieses Wissen allein deutet auf einen Zusammenhang der hybernischen Mysterien mit dem großen Eingeweihten in die «Geheimnisse des physischen Leibes».

20 Siehe dazu: Margarete und Erich Kirchner-Bockholt, *Die Menschheitsaufgabe Rudolf Steiners und Ita Wegman*, 2. Aufl. 1982, Dornach.

21 Vortrag vom 1. Juni 1907, in: *Zur Geschichte und aus den Inhalten der ersten Abteilung der esoterischen Schule 1904-1914*, 1984, GA 264. – Viel tiefer begründet wird dieser Zusammenhang im Vortrag vom 31. August

1909. Siehe zu diesem Problemkreis auch: George Adams, *Das Rosen-kreuzertum als Mysterium der Trinität*, Stuttgart 1981. Vergl. Anm. 34.

22 Zitiert aus: *Indianerleben* 1988, Kiel 1988.

23 Siehe: *Innere Entwicklungsimpulse der Menschheit*, 1964, GA 171.

24 Aus einem schriftlichen Konzept Ita Wegmans für eine Gedenkansprache in London.

25 Es handelt sich um unveröffentlichte Aufzeichnungen, die E. C. Merry wenige Wochen nach Dunlops Tod niedergeschrieben hat.

26 Auch in der Gestalt eines neuzeitlichen Rosenkreuzers erschaute E. C. Merry D. N. Dunlop gelegentlich, was insofern von Interesse ist, als, in ganz anderer Art als im «großen» Westen, alte Tao-Weisheit auch inner-halb der Rosenkreuzerströmung bewahrt wurde (siehe Seite 42).

27 *Letters from AE*, herausgegeben von Alan Denson, London / New York / Toronto 1961, S. 18 ff.

28 Siehe Rudolf Steiners Vortrag «Das Geheimnis des Doppelgängers, geographische Medizin» vom 16. November 1917, in: *Individuelle Geist-wesen und ihr Wirken in der Seele des Menschen*, 3. Aufl. 1980, GA 178.

29 Tagebuchaufzeichnung von W. J. Stein, in modifizierter Form zitiert in GA 264 (siehe Anm. 21), S. 246.

30 Zu Skythianos siehe auch: *D. N. Dunlop - ein Zeit- und Lebensbild*, Dornach 1986, S. 419 ff.

31 veröffentlicht in der Mai-Nummer 1914.

32 Die Formulierung «der gute Engel der Menschheit» ist in folgender Hin-sicht sehr bemerkenswert: Am 2. Mai 1913 - also ein knappes Jahr vor Dunlops mystischem Erlebnis - führte Rudolf Steiner in einem Londoner Vortrag aus, wie sich das Christus-Wesen nach seiner dreijährigen Offen-barung in dem Leibe des Jesus von Nazareth in der auf das Mysterium von Golgatha folgenden Zeit offenbarte: «Ebenso wie sich der Erlöser der Welt während der drei Jahre nach der Jordantaufe in einem menschlichen Leibe offenbarte, obgleich dieses Christus-Wesen von so außerordentlicher Hoheit war, *so offenbart es sich seit jener Zeit in direkter Weise als ein Engelwesen*, ein geistiges Wesen, welches eine Stufe höher steht als die Menschenwesen. Als ein solches konnte es stets gefunden werden von denen, die hellsichtig waren.» Siehe: *Vorstufen zum Mysterium von Gol-gatha*, 2. Aufl. 1980, GA 152.

33 Diese für unseren Zusammenhang wichtige Charakterisierung Rudolf Stei-ners findet sich in einer ungedruckten Archivnachschrift von einem am 3. Dezember 1905 in Düsseldorf gehaltenen Vortrag.

34 Vortrag vom 1. Juni 1907 (siehe Anm. 21). - Es sei nochmals daran erin-nert, daß neben der hier charakterisierten Empfindungsbrücke auch in der die moderne Geisteswissenschaft vorbereitenden Rosenkreuzerströmung atlantische Weisheit «bewahrt» wurde, in einer dem heraufziehenden naturwissenschaftlichen Denken gemäßen Form. Im Sinne dieser rosen-

kreuzerischen Aufgabe, die entwicklungsgeschichtliche Kontinuität vom alten Schauen zum modernen Denken zu wahren, sollte das Rosenkreuz nicht allein mit den ihm beigesellten Rosen vorgestellt werden, sondern – entsprechend der von Rudolf Steiner aufgeschlüsselten Etymologie des lat. Ausdrucks «ros» – *mit Tauperlen auf diesen Rosen* . . .

35 Siehe: *Eurythmie als sichtbarer Gesang,* 3. Aufl. 1975, GA 278, Vortrag vom 23. Februar 1924.

36 Zum musikalischen Aspekt des Tao siehe auch Hermann Pfrogner, *Tao, ein Vermächtnis,* Schaffhausen o.J., sowie Friedrich Oberkogler, *Die Zauberflöte.* In seiner Werkbetrachtung weist Oberkogler darauf hin, daß das Hauptthema der Ouvertüre genau jenen Intervallschritten entspricht, die Rudolf Steiner für den vierstufigen Tao-Klang angegeben hat. Auch im Namen des eigentlichen Helden dieser Einweihungs-Oper kann der Tao-Laut wiedergefunden werden, was insoferne höchst sinnvoll ist, als *Tamino* die allerstärksten Ich-Kräfte wachrufen muß, um die verschiedenen Prüfungen, denen er unterworfen wird, siegreich bestehen zu können.

37 Vortrag vom 29. Mai 1913 in Helsingfors, enthalten in: *Die okkulten Grundlagen der Bhagavad Gita,* 3. Aufl. 1962, GA 146.

38 Diese Scheu zu überwinden gibt Rudolf Steiner als die vierte «Regel» einiger weiterer Regeln in Fortsetzung der «Allgemeinen Anforderungen» an, «die ein jeder an sich selbst stellen muß, der eine okkulte Entwickelung durchmachen will». Siehe: *Anweisungen für eine esoterische Schulung,* 5. Aufl. 1979, GA 245, S. 15 ff.

39 Insofern die alte Hellsichtigkeit im reinen, sinnlichkeitsfreien Denken, wie es heute jedermann ausbilden kann, fortlebt, hat die Aufgabe des Skythianos, alte Hellsichtigkeit «für spätere Zeiten» zu bewahren, ihre Erfüllung gefunden. Diese «späteren Zeiten» sind in unserer heutigen Zeit angebrochen, in der jedermann über das Hellsehen des Denkens wiederum Zugang finden kann zu den übersinnlichen Weltbereichen. Wer, auch bevor er konkrete übersinnliche Wahrnehmungen hat, Übersinnliches in reinen Begriffen denkt, wird zum selbständigen Fortsetzer dieses Elementes der einstigen Skythianos-Mission. Infolgedessen wird von heute an das zweite Element der Mission dieses Eingeweihten mehr und mehr in den Vordergrund treten: «das zu lehren, was von Ewigkeit zu Ewigkeit waltet», wie Rudolf Steiner dieses Element am 31. August 1909 charakterisierte. Skythianos wird eine spirituelle Tierkreis-Kosmologie zu lehren und dadurch ein kosmologisches Verständnis des Christentums zu vertiefen haben.

40 Bereits in Rudolf Steiners philosophischer Erstlingsschrift, den *Grundlinien einer Erkenntnistheorie der Goetheschen Weltanschauung* lesen wir, «daß das Denken das Wesen der Welt ist und daß das individuelle menschliche Denken die einzelne Erscheinungsform dieses Wesens ist.» Siehe: GA 2, 7. Aufl. 1979, Kap. 13. «Das Erkennen».

41 In der Abstraktheit resp. «Herabgelähmtheit» der Ideen ist alles Real-Kraftende aus ihnen gewichen. In dieser Form allein, in der sie heute im reinen Denken zunächst erfaßt werden, kann der Mensch sein Freiheitsbewußtsein finden; gerade weil sie kein Eigenkraftendes geltend machen, was zum Beispiel von Gefühls- und Willensimpulsen keineswegs gesagt werden kann. – Zum Herablähmungsvorgang siehe auch Rudolf Steiners Buch *Von Seelenrätseln*, Kap. «Von der Abstraktheit der Begriffe», 5. Aufl. 1983, GA 21.
Bereits für jene Scholastiker, die im Gegensatz zum Nominalismus den Begriffsrealismus vertraten, war es klar, daß die Inhalte der abstrakten Begriffe (universalia post rem) dem Wesen oder der Substanz nach mit den in den Dingen wirkenden oder tätigen Begriffen (universalia in re) identisch sind und nur – damit im Menschen ein Freiheitsbewußtsein möglich werde – im menschlichen Bewußtsein in einem anderen Formzustand auftreten. Der Begriff ist formaliter im Subjekt, fundamentaliter im Objekt begründet verankert, sagte ein solcher Scholastiker. Mit modernen Worten: Die Begriffsinhalte sind universelle Weltinhalte, die Form, in der sie im menschlichen Bewußtsein auftreten, ist durch die Entwicklungsbedingungen des Menschen selbst, d. h. durch seine Veranlagung zu einem freien Wesen, begründet. – Zur Entwicklungsgeschichte des menschlichen Bewußtseins, die in der Neuzeit zum abstrakten Freiheitsbewußtsein führte, siehe auch die Michael-«Sendschreiben» in: *Anthroposophische Leitsätze*, 8. Aufl. 1982, GA 26.

42 Zu dieser individuellen Bemühung des heutigen Menschen, die abstrakt gewordenen Gedanken wieder zu verlebendigen, wird ihm durch den Zeitgeist Michael die kosmisch-konstitutionelle Grundlage gegeben, insofern es nach Rudolf Steiner «Michaels Sendung ist, in der Menschen Äther-Leiber die Kräfte zu bringen, durch die die Gedanken-Schatten wieder *Leben* gewinnen.» Siehe «Der vor-michaelische und der michaelische Weg», in *Anthroposophische Leitsätze*, GA 26 (vgl. Anm. 41).

43 In seinem 1924 erschienenen Aufsatz «Von der intuitiven Erkenntnis» fügt W. J. Stein die Antwort Rudolf Steiners auf seine Frage nach diesem «Urwesen» in folgendem Wortlaut ein: «Das ist eine Art Gruppenseele der Menschheit, das ist der älteste der Archai, der eben auf dem Weg ist, ein Geist der Form zu werden.» Siehe: *W. J. Stein / Rudolf Steiner – Dokumentation eines wegweisenden Zusammenwirkens*, Dornach 1985.

44 Vortrag vom 2. Januar 1906 in Berlin, enthalten in: *Die Tempellegende und die goldene Legende*, vgl. Anm. 12.

45 Über Keely und seine Erfindung hat sich Rudolf Steiner verschiedentlich geäußert, zum Beispiel am 20. Juni 1916 sowie am 1. Dezember 1918 (siehe GA 169 und GA 186).

46 In Rudolf Steiners *Mysteriendramen* ist die Gestalt des Strader einer technischen Erfindung auf der Spur, die nach ähnlichen Prinzipien wie der

Keely-Motor – nach dem Gesetz des Zusammenklanges bestimmter
Schwingungen – arbeiten soll. – Siehe dazu: Hans Kühn, *Vom Strader-
Apparat*, in: *Mitteilungen aus der anthroposophischen Arbeit in Deutsch-
land*, Nr. 98, 1971; sowie H. Knobel, *Zur Stradermaschine*, a. a. O., Nr.
100, 1972.

47 Basel 1987.

48 John Heider, *Tao der Führung, Laotses Tao Te King für eine neue Zeit*,
Basel 1988.

49 Hwang-Weu-Li, *Das Tao-Kochbuch*, München 1984.

50 Fritjof Capra, *Das Tao der Physik, Die Konvergenz von westlicher
Wissenschaft und östlicher Philosophie*, 9. erw. Aufl. Bern/München/
Wien, 1984.

51 F. Capra, op. cit. S. 7 f.

52 Rudolf Steiner, *Die okkulte Bewegung im 19. Jahrhundert und ihre Bezie-
hung zur Weltkultur*, 3. Aufl. 1969, GA 254, Vortrag vom 25. Oktober
1915. Im Anschluß an die zitierte Passage lesen wir im selben Vortrag:
«Darin liegt ein wichtiges Geheimnis, das derjenige, der sich für Geisteswissenschaft interessiert, erkennen soll. Die Menschen müssen sich bestreben, gegen die Zukunft hin ihren Verstand individuell, richtig individuell
handhaben zu lernen, ihren Verstand nicht unbewacht zu lassen; ja, ja
niemals ihren Verstand unbewacht zu lassen. Das ist sehr notwendig, und
es ist gut, wenn man weiß, in wie schönen, starken, vollen Worten Ahriman an die Menschen herantritt und versucht, wenn es auch der Mensch
sich nicht gefallen lassen will, aber wie doch Ahriman *versucht*, den Menschen den Verstand – verzeihen Sie den Ausdruck – wie die Würmer aus
der Nase herauszuziehen.»

53 Rudolf Steiner, *Soziales Verständnis aus geisteswissenschaftlicher Erkenntnis*, 2. Aufl. 1983, GA 191.

54 Bereits Rudolf Steiners *Philosophie der Freiheit* zeigt (im 9. Kap.), daß die
Verwirklichung des Ichs als das dem Menschen eingeborene Urgesetz seines Wesens durch ihn selbst zu vollziehen ist. «Jedes Wesen hat seinen
eingeborenen Begriff (das Gesetz seines Seins und Wirkens); aber es ist in
den Außendingen unzertrennlich mit der Wahrnehmung verbunden und
nur innerhalb unseres geistigen Organismus von dieser abgesondert. Beim
Menschen selbst ist Begriff und Wahrnehmung zunächst *tatsächlich*
getrennt, um von ihm ebenso *tatsächlich* vereinigt zu werden.» Mit anderen Worten: Das Urgesetz seines Ichs ist dem Menschen (von den Geistern
der Form) verliehen worden; dieses Gesetz in allen seinen Lebensäußerun-
gen zur Erscheinung zu bringen, bleibt ihm selbst überlassen.

55 Wie die Tätigkeit des reinen Ich innerhalb des reinen universellen Denkens das von Rudolf Steiner als «Geistselbst» bezeichnete Wesensglied auszubilden beginnt, so wird das ich-durchdrungene, das heißt überpersönli-
che Fühlen und Wollen den «Lebensgeist» und den «Geistesmenschen»

118

zur Erscheinung bringen. (Vgl. dazu auch den Vortrag vom 9. Februar 1905, in GA 53). Diese Arbeit des Ich innerhalb von Denken, Fühlen und Wollen bewirkt zugleich auch eine Umwandlung der mit diesen drei Seelentätigkeiten verbundenen drei Leibeshüllen, die höhere Wesenheiten dem Menschen im Laufe der Evolution als sein dreifaches «Ich-Vehikel» zubereitet haben: durch das gereinigte Denken wird der Astralleib, durch das gereinigte Fühlen der Ätherleib und durch das gereinigte Wollen der physische Leib des Menschen *durch seine eigene Tätigkeit* auf eine höhere Stufe gehoben. Deshalb kann das Geistselbst auch als umgewandelter Astralleib, der Lebensgeist als umgewandelter Ätherleib und der Geistesmensch als umgewandelter physischer Leib bezeichnet werden (siehe u. a. *Die Geheimwissenschaft im Umriß*, GA 13, Kap. «Wesen der Menschheit»).

Der Geistesmensch als zunächst höchstes Wesensglied der menschlichen Individualität wurde bereits neben dem physischen Leibe auf dem alten Saturn *veranlagt;* er wird auf dem Vulkanplaneten seine Vollendung erfahren. Auch in dieser Hinsicht gilt das Evangelienwort: «Die Letzten werden die Ersten und die Ersten die Letzten sein.»

56 *Theosophie, Einführung in übersinnliche Welterkenntnis und Menschenbestimmung,* 30. Aufl. 1978, GA 9.
57 Siehe: *Anthroposophische Leitsätze,* 8. Aufl. 1982, GA 26, «Der vormichaelische und der michaelische Weg».
58 Siehe: Rudolf Steiner, *Das Ereignis der Christus-Erscheinung in der ätherischen Welt,* 2. Aufl. 1977, GA 118.
59 Rudolf Steiner, *Weltsilvester und Neujahrsgedanken,* 2. Aufl. 1962, GA 195.